KB216368

날씨를 전하며 내일을 준비하는

기상캐스터

청소년들의 진로와 직업 탐색을 위한 잡프러포즈 시리즈 79

날씨를 전하며 내일을 준비하는

기상캐스터

최아리 지음

"
자신만의 방식으로 다른 사람들과
공감할 수 있는 날씨 표현을 만들어 보세요
"

TaLK SHOW

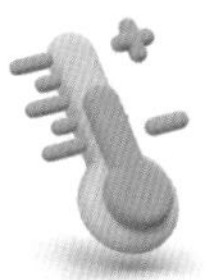

"

폭풍이 지나가기를 기다리는 것이 아니라,
빗속에서 춤추는 법을 배우는 것이 인생이다.

"

- 비비언 그린

TEMP
45

WIND
12m/s

SUNRISE
5.48

"

날씨를 통제할 수는 없지만,
항해하는 방법은 배울 수 있다.

"

- 루이스 L. 헤이

TEMP
45

WIND
12m/s

SUNRISE
5.48

C·O·N·T·E·N·T·S

C·O·N·T·E·N·T·S

SUN
10°C
6°C
MON
11°C
4°C
TUE
12°C
3°C
WED
12°C
5°C
THU
10°C
4°C
FRI
12°C
5°C
SUT
13°C
4°C

기상캐스터 최아리의 프러포즈

TEMP
45

WIND
12m/s

SUNRISE
5.48

PROPOSE

청소년 여러분 안녕하세요. 매일 저녁 8시 뉴스데스크에서 날씨를 전하고 있는 MBC 기상캐스터 최아리입니다.

여러분은 '꿈'이 뭐라고 생각하시나요? 저는 어릴 적에 미래의 제가 어떤 직업을 선택해 사회에 나갈 수 있을까, 무척 막연하게 걱정했던 기억이 납니다. 이 직업은 이래서, 저 직업은 저래서 멋있고 좋아 보였고, 반대로 이런저런 이유로 어떤 직업은 피해야겠다고 생각했어요. 또 한편으로는 학창 시절에 직업을 정해야 한다는 압박감에 잘하는 것과 좋아하는 것을 찾고, 구분하고, 조화를 이루도록 스스로 타협해 나가는 시간이 부족하다고 느끼기도 했습니다.

저는 처음부터 기상캐스터를 꿈꿨던 것은 아니에요. 좋아하고 제법 잘하는 것을 하나씩 하나씩 해 나가다 보니 그 접점에 방송국이 있었어요. 방송국은 다양한 사람들이 모여 정말 멋지게 일하는 곳입니다. 그곳에서 저는 날씨를 담당하며 비가 오나 눈이 오나 시청자를 만나고 있어요. 1분 20초의 뉴스 데스크 날씨는 때론 짧은 단편 영화 같기도 합니다. 직접 PD가 되어 그 시간을 연출하고, 사용할 시각 자료를 고르고, 작가가 되어 글도 쓰지요. 그렇게 준비한 것을 시청자에게 제대로 전달하는 것도 기상캐스터인 저의 몫이에요.

그래서 저는 기상캐스타가 전하는 날씨 예보는 종합 예술이라는 생각으로 이 책에 저의 경험과 생각을 담았어요. 화려한 방송국 조명 아래에 선 기상캐스터의 모습도, 조명 뒤에서 더욱 빛나는 노력도 담았습니다. 저 역시 꿈을 찾는 과정에서 다양한 직업의 세계를 경험해 보았는데요. 기상캐스터라는 직업을 선택한 것을 후회하지 않아요. 충분한 시간 동안 고민했고 도전해서 가진 직업이기 때문이지요. 그런 이유로 여러분에게 본인이 좋아하는 것을 선택한다면 고난도 보람으로 여기며 만족하는 삶을 살 수 있다고 자신 있게 이야기하고 싶어요.

직업을 가져도 고민은 늘 있습니다. 하지만 여러분에게는 '시간'이라는 가장 큰 무기가 있잖아요? 이 책으로 먼저 여러 직업의 세계를 간접 체험하고 미래를 설계해 실현할 시간 말입니다. 그런 의미에서 미래를 향한 탐험을 시작하는 여러분을 응원하며 저의 경험을 나눠드리겠습니다.

SUN
10°C
6°C
MON
11°C
4°C
TUE
12°C
3°C
WED
12°C
5°C
THU
10°C
4°C
FRI
12°C
5°C
SUT
18°C
4°C

첫인사

편 토크쇼 편집자

최 최아리 기상캐스터

TEMP
45

WIND
12m/s

SUNRISE
5.48

편 안녕하세요, TV 뉴스에서 보는 분을 실제로 만나 뵙게 되어 반갑습니다.

최 안녕하세요, MBC 뉴스데스크를 비롯해 여러 뉴스 프로그램에서 날씨 정보를 시청자에게 전달하는 일을 하는 기상캐스터 최아리입니다.

편 기상캐스터라는 직업의 세계를 청소년에게 알려주시기 위해 인터뷰에 응해주셔서 감사합니다. MBC의 간판 뉴스인 뉴스데스크에서 오랫동안 날씨 예보를 하고 계세요. 언제부터 이 일을 하신 건가요?

최 처음 기상캐스터로 일을 시작한 곳은 제주 KBS였어요. 그곳에서 2년 정도 있다가 MBC로 옮겨서 7년 정도 되었으니 10년 가까이 이 일을 하고 있네요.

편 일기예보는 TV 뉴스 맨 마지막에 배치되어 있어서인지 일기예보를 보지 않으면 뉴스를 다 봤다는 느낌이 들지 않더라고요. 기상캐스터라는 존재가 뉴스의 마침표 역할을 하시는 것 같아요.

최 그런 얘기 많이 들어요. (웃음) 아무래도 뉴스 시청 연령층이 다양하기 때문인 것 같아요. 뉴스 소비 중심이 온라인으로 많이 이동했지만, 아직 TV로 일기예보를 시청해야 비로소 하루가 지나갔다는 느낌이 든다고 하시는 분들이 있어요. 그런 얘기를 들으면 날씨를 통해 시청자들과 소통하는 것이 실감나서 기분이 좋아요.

편 아침에 일어나면 날씨 정보를 먼저 찾아봐요. 맑을지 비가 올지, 기온은 얼마나 되는지 알아보면서 하루를 시작하는데요. 의식하지 않고 무심코 날씨가 어떤지 살피는 습관이 있다는 것을 이번에 알아차렸어요.

최 저는 기상 현상을 우리 신체로 비유하자면 피부 같아요. 피부는 햇빛, 열, 바람, 추위 등 다양한 조건의 외부 환경으로부터 신체를 지키는 역할을 하잖아요. 이렇게 피부가 우리 신체를 둘러싸고 있지만 평소에는 피부가 있다는 것을 의식하지 못하다가 피부에 작은 상처라도 생기거나, 습하거나 건조할 때, 뜨겁거나 차가울 때 강렬한 느낌으로 존재감이 드러나더라고요. 그런 것처럼 적당한 온도와 습도가 유지되어 '좋다'고 느끼는 날씨에는 날씨의 소중함을 잘 모르다가 덥고 춥고 비 오고 눈 오는 날씨에는 하루 종일 날씨를 의식하면서 기분도 좋지 않고 활동의 제약을 받잖아요. 때로는 날씨로 인해 피해를 입기도 하고요. 도심에 있는 사람들뿐만 아니라 농사를 짓는 사람들, 바다에 나가 조업을 하는 사람들도 날씨의 영향을 크게 받아요. 그래서 날씨가 우리 삶과 정말 많이 밀착되어 있다고 생각해요.

편 최근에는 기후변화로 인한 극한의 날씨로 심각한 피해를 입고 있어요. 그래서 날씨에 관한 관심이 증가하고, 걱정도 하는 것 같아요.

최 맞아요. 기후변화로 인한 극단적인 기상 현상이 빈번하게 발생하고 있는 게 사실이에요. 불과 몇 년 전까지만 해도 그런 일은 기후변화에 대한 신호 정도로 여겼는데, 2018년을 기점으로 달라졌어요. 전 세계 기후학자들이 모인 IPCC(기후변화에 관한 정부간 협의체)에서 지구온난화에 대한 새로운 경고가 발표됐어요. 이른바 '지구온난화 1.5 ℃ 특별보고서'로 산업화 이전 대비 지구 평균기온 상승의 마지노선을 1.5도로 제한해야 한다는 내용을 담고 있어요. 지구 평균기온이 그 이상 올라간다면 지구에 극단적인 기상 현상이 일어나 큰 재앙이 닥칠 거라고 예측했지요. 이후 전 세계에서 더욱 적극적인 방향으로 대응 정책을 마련하고 있습니다.

편 기후변화에 따라 날씨 예보도 영향을 받는 게 있나요?

최 요즘 전혀 예상치 못한 상황이 발생할 때가 있어요. 특히 여름에 그렇죠. 방송 준비를 거의 마쳤을 시간에 갑자기 날씨가 급변해 당황한 적도 있는데요. 그래서 이제는 순발력도 필요한 직업이 된 것 같아요.

편 기상캐스터의 역할이 달라지고 있다는 뜻일까요?

최 달라져야 한다고 생각하죠. 기상청에서 발표하는 통보문을 단순히 전달하는 역할을 넘어 날씨가 사람들의 생활에 미칠 영향을 파악해야 해서 미리 대비할 수 있도록 예보해야 할 것 같아요. 그래서 사람들의 내일을 준비하는 안내자의 역할로 확장되어야 하지 않을까 생각해요. 건조한 날씨가 예상되는 날이라면 날씨가 건조할 것이라는 사실만 전달하지 않고, 그로 인해 사람들이 불편을 겪게 되는 상황이 오거나 화재의 위험성이 높아지는 등 날씨와 실생활의 관계를 폭넓게 바라볼 줄 알아야 하는 거죠. 다르게 말하면 날씨만 관심을 가질 게 아니라 우리의 생활에도 관심이 많아야 한다는 거예요.

편 기상캐스터라는 직업이 가지는 이미지도 변화하는 것 같아요.

최 제가 이 직업을 목표로 준비할 때만 해도 화려한 직업이라는 이미지가 있었어요. 뉴스 프로그램에 나오는 앵커나 기자와 달리, 눈에 띄는 의상을 입고 밝은 분위기에서 날씨를 예보하는 직업이라는 인식이 있어서 그랬는지 의상으로도 사람들의 눈길을 끌었던 건 사실이에요. 그래서 저도 기상캐스터만의 특징을 드러내는 자세와 몸짓, 표정을 연습하곤 했어요. 그런데 이 일을 하면서 기상이 인간의 삶에 미치는 영향이 크다는 것을 직접 알게 되니까 겉으로 보이는 이미지보다는 기상에 관한 전문 지식이 필요한 직업이라는 생각이 강해지고 있어요. 뉴스의 날씨 예보는 1차원 적으로 날씨 정보를 전달하는 것을 넘어 자료 검토도 충분히 하고, 실제로 날씨로 인해 발생할 수 있는 상황을 취재해 시청자가 공감할 수 있도록 준비해요. 그래서 저는 날씨가 우리 삶에 영향을 끼치는 부분을 포괄적으로 다루면서 기상캐스터만의 전문성을 획득하려고 합니다.

편 이 직업에 관심 있는 청소년들에게 어떤 이야기를 해주고 싶으세요?

최 이 일을 하려면 정확한 발음과 발성, 유창한 스피킹 실력을 준비해야 한다는 생각을 하는 것 같아요. 그런데 그런 실무적인 것을 준비하기 전에 내가 하고 싶은 일인가를 먼저 자신에게 물어봐야 한다고 생각해요. 제가 일을 해보니 '내가 관심이 가는 일, 하면서 즐거운 일'이라야 지속할 수 있다는 것을 깨닫게 되었거든요. 직무를 수행할 때 필요한 전문성은 경험과 훈련을 통해 충분히 길러질 수 있어요. 그런 준비보다 날씨에 대한 순수한 관심을 가지고 날씨가 우리 삶에 미치는 영향이 궁금하면 좋겠어요. 본인의 눈으로 날씨를 보고 느끼고 즐긴다면 자신만의 언어로 날씨를 표현할 수 있을 테니까요.

편 하늘을 바라보는 것을 좋아하고, 봄에 꽃을 기다리고, 겨울에 눈을 기다리며, 겨울이 겨울답지 않게 춥지 않아서, 봄이 여름처럼 더워서 기후변화가 걱정인 청소년이라면 기상캐스터라는 직업에 관심이 많을 것 같은데요. 지금 그 이야기를 시작합니다.

SUN
10°C
6°C
MON
11°C
4°C
TUE
12°C
3°C
WED
12°C
5°C
THU
10°C
4°C
FRI
12°C
5°C
SUT
13°C
4°C

기상캐스터의 업무

TEMP
45

WIND
12m/s

SUNRISE
5.48

기상캐스터의 주요 업무는 무엇인가요

편 기상캐스터의 주요 업무는 무엇인가요?

최 그날의 날씨 정보를 시청자에게 전달하는 거예요. 필수 재료는 '기상청 통보문'이에요. 이것이 없으면 방송을 못 해요. 보통 통보문은 짧고, 딱딱한 언어로 발표되는데 그것을 풀어서 쉽게 말로 전달하는 게 기상캐스터의 주요 업무입니다. 구체적인 업무는 날씨를 '어떻게' 전달할지 설정하는 방향에 따라 준비하는 방송 아이템이 달라져요. 날씨를 전달할 아이템을 설정할 때는 담당하는 뉴스 시간대가 중요한데요. 저는 저녁 8시 방송이라 그날 밤에서 다음날 날씨를 주로 다뤄요. 예를 들어 밤사이 눈이 예보되어 있다면 그로 인해 다음날 아침 출근길에 어떤 영향을 미칠지, 실제로 예보보다 적은 양의 눈이 오거나 많이 올 가능성은 없는지 등을 고려하고, 시청자에게 경각심을 일으키기 위해 어느 정도의 강도를 나타내는 단어를 사용할지도 결정하지요.

편 기상청 통보문을 보고 어떤 자료나 이미지를 사용할지 결정하는 거군요.

최 날씨 예보는 전달력이 중요해요. 영상을 구성할 때 시각 자료를 잘 활용하면 전달력이 높아지는데요. 전국 각지에 있는 CCTV를 활용하는 예가 많고, 시청자의 제보 사진과 영상, 때로는 제가 직접 촬영한 영상도 사용해요. 이 외에도 기상 관련 종사자가 접속할 수 있는 사이트인 기상정보방재시스템에 접속하면 수많은 관측장비에서 실측된 기온, 풍향, 일기도, 위성 영상 등의 자료를 찾아볼 수 있어요. 이런 자료를 찾아 원고를 작성할 때 참고하고, 날씨에 따라 필요한 자료를 활용하는 거예요.

편 날씨 예보에 과거와 현재의 날씨를 비교하는 내용도 있던데 이것도 직접 준비하는 건가요?

최 이례적으로 기온이 높은 날이나 기온이 낮은 날, 이것이 얼마나 이례적인 더위나 추위인지 자료를 찾아봐요. 서울은 1907년부터 기상관측이 시작되었는데요. 과거와 현재의 날씨를 비교해 현재 기상 상황의 특이점을 발견할 수 있어요. 그런데 이렇게 기상캐스터가 자료를 보고 비교검토를 했더라도 방송에 내보내기 위해서는 기상청의 확인을 받아야 해요. 방송에서 보도하는 기상 정보는 기상청에서 공식적으로 발표하거나 인정한 내용이어야 하기 때문이에요. 그래서 기상캐스터가 이런 특이점을 발견해 예보에 쓰고 싶다면 기상청에 연락해

묻고, 대변인실을 통해 공식 답변을 얻은 후에 방송할 수 있어요.

편 날씨 예보를 준비할 때 어디에 중점을 두고 하시나요?

최 요즘은 봄, 가을의 경계가 줄어들고 겨울에서 금방 여름이 되어버린 듯한 날씨 현상이 빈번하게 나타나고 있어요. 기후위기로 인해 극단적인 기상 현상의 빈도도 높아졌고요. 그래서 단 하루의 날씨를 예보하더라도 일상에 어떤 영향을 주는지, 시청자가 대비할 것은 무엇인지를 중점사항으로 꼽아요. 날씨가 아무 탈 없이 (웃음) 좋으면 좋은 대로 즐길 거리를 소개해주는 것도 기상캐스터의 역할이라고 생각해요. 기상캐스터가 전달하는 날씨 정보가 시청자에게 필요하고 쓸모 있는 정보가 되어야 하기 때문이죠.

편 뉴스가 끝날 즈음에 날씨 예보를 하는데요. 시간은 얼마나 되나요?

최 뉴스 프로그램에 따라 날씨 예보의 시간은 조금씩 달라요. MBC의 뉴스 프로그램의 메인은 저녁 7시 40분에 시작하는 뉴스데스크로 1분 20초 정도 배정되어 있어요. 날씨 상황에 따라 생방송, 야외 중계차, 스튜디오 녹화로 진행해요. 녹화 방송의 경우 뉴스를 시작하기 약 30분 전에 미리 녹화해서 내보내고 있어요. 특이 사항이 없을 때는 녹화로 하지만, 태풍이나 장마, 한파, 대설 등의 기상현상이 나타나고 있을 때는 뉴스 초반과 말미에 2번, 3번씩 출연하기도 하고요. 야외에 직접 나가 생방송을 진행하는 경우도 잦습니다.

일반 뉴스 프로그램에서는 날씨가 방송되는 시간이 50초 정도이고, 마찬가지로 특이 사항이 없을 경우에는 녹화방송으로 진행해요. 날씨 예보 방송 내용과 화면을 구성하는 것도 기상캐스터의 일인데요. 시청자에게 전달해야 할 정보가 많을 때는 중요도를 따져서 정보를 선별해야 해요. 며칠 동안 날씨의 변동이 거의 없는 날이 계속된다면 시청자가 지루하지 않게 화면을 구성하는 것도 중요한 일이에요.

편 날씨 예보도 변화하고 있는 것 같아요. 예전보다 훨씬 다양한 자료를 활용한다는 느낌을 받았어요.

최 비슷해 보이는 날씨일지라도 하루도 같은 날씨는 없다고 생각해요. 때문에 어떻게 더 잘 전달할까 매일 고민해요. 식당으로 비유를 하자면 '맛집'이 될 수 있게요. 같은 재료를 쓰더라도 조리법에 따라 더 맛이 좋은 요리를 내는 것은 결국 요리사의 실력이잖아요? 기상캐스터도 그렇습니다. 기상청이 제시하는 자료는 말 그대로 재료일 뿐이고, 그 재료로 어떤 요리를 만들어낼지 시청자에게 어떤 순서로 요리를 제공할지 고민하며 다양한 자료를 활용하고 있어요.

최근 MBC에서는 사내 CCTV 시스템인 카오스(CAOS)를 적극적으로 활용해 방송하고 있는데요. 날씨 방송을 하는데 있어 정말 큰 도움이 됩니다. 카오스 AI가 고속도로에서 발생한 교통 사고 중 뉴스 리포트 가능성이 있는 영상을 자동으로 분석하고 선별해요. 선별된 영상에 대한 요약 내용도 제공하고요. 눈길이나 빗길 등 날씨로 인한 교통사고가 발생했을 때 기상캐스터는 AI 선별 기준으로 자동 정렬된 영상을 손쉽게 찾아 필요할 경우 방송에 쓰고 있지요. 하루에 4천~5천 개의 영상이 녹화되고 있는데, "도로 빙판길 때문에 길이 미끄럽습니다. 운전 조심해주셔야겠습니다."라고 말로만 하는 것보다 생생한 영상을 보여주면서 정보를 전달할 때 훨씬 효과적이기 때문에 매우 유용하게 사용하고 있어요. 또한, 주소 검색 기능까지 있어서 특정 지역의 CCTV를 확인할 수 있는데요. 국지성 호우와 같은 특정 지역에 폭우가 내리는 상황에서 그 지역을 검색해 시각자료로 활용할 수가 있죠. 이 시스템은 뉴스데스크를 비롯한 정규 방송에 활용되고 있고, 날씨 예보뿐만 아니라 다양한 리포트에 쓰이고 있어요. 2024년 12월 서해안고속도로에서 유조차가 가드레일을 들이받고 넘어지면서 화재가 났는데, 폭발 장면을 비롯해 화재 진압 장면이 CCTV에 고스란히 녹화가 되었지요.

편 날씨 예보 시간을 구성하는 것도 기상캐스터가 하는 일이라고 하셨어요.

최 뉴스의 총 길이에 따라서 날씨 예보는 짧게는 50초에서 길게는 2분 30초까지도 하는데요. 예보 시간은 보도국 편집부에서 정해주는데, 주어진 시간을 구성하는 일은 기상캐스터가

REC

오늘 장맛비가 오면서 호우주의보가 내려졌는데 전국 곳곳에 CCTV 화면에 잡힌 교통사고 영상들입니다.

미끄러진 차량을 수습하기 위해 구조대와 경찰이 출동하고 또 도로 한가운데 위험하게 서 있는 차량도 있습니다.

바람도 강해서 이렇게 나무가 쓰러지는 등 오늘 하루 내린 장맛비로 벌써 이런 크고 작은 피해가 잇따랐습니다.

낮 동안 많은 비가 내렸습니다.

주로 짙은 색으로 표시가 된 중부 내륙에서 비가 집중된 게 보입니다.

이천 90.5mm 군산 84.5mm 서울 62.9mm의 비가 내렸습니다.

밤이 된 지금은 비가 일시적으로 잦아들었는데요.

밤사이 또 한 차례 강한 비가 내릴 수 있겠습니다.

예상 강우량은 서울에 5~40mm 그밖에 전국에 최고 60mm, 광주 등 전남 서부 지역에 최고 100mm 이상이 되겠습니다.

이번 비는 내일 낮에 소강상태를 보이겠는데요.

이 이후의 장마 전망을 보시면 이번 주 후반부터 다음 주 초반 사이, 또 큰 비가 올 가능성이 있습니다.

계속되는 장맛비에 피해를 입지 않도록 유의하셔야겠습니다.

날씨였습니다.

장마철 CCTV를 활용한 날씨 예보(2024년 7월 2일 뉴스데스크)

앵커

대통령 체포 영장 집행 시점에 관심이 쏠리는 가운데, 올겨울 최강 한파가 시작됐지만 시민들은 굴하지 않고 집회에 나서고 있습니다.

대통령의 버티기로 시민들만 고생하고 있는데 내일은 또 얼마나 추울지, 한파 상황 알아보겠습니다.

최아리 캐스터 전해주시죠.

최아리 캐스터

먼저 CCTV 화면을 통해서 현재 폭설 지역 상황부터 살펴보겠습니다.

이 시각 충남 서천인데요.

가로등 불빛 아래 눈발이 강하게 날리는 게 보일 정도로 많은 눈이 내리고 있습니다.

눈길 사고도 잇따랐습니다.

오늘 아침 충남 당진에서는 승용차가 눈길에 완전히 뒤집혔고 뒤따르던 차량이 미끄러져 연쇄 추돌하는 사고가 났습니다.

레이더 영상을 보시면 지금도 서해상에서 발달한 눈구름대가 충남과 남부 내륙에 유입 중입니다.

 눈길 사고가 빈번하게 발생하고 있던 때, 차량이 연쇄 추돌하는 장면이 AI카오스에 자동 녹화가 되어 실제 방송에 사용한 예.(2025년 1월 8일 뉴스데스크)

해요. 미식을 좋아하시는 분들이라면 잘 아실 오마카세에 비유해 설명하자면, 오마카세는 전적으로 요리를 맡은 셰프가 요리할 품목과 코스를 결정하잖아요. 그날 재료의 신선도에 따라 요리 구성도 유동적으로 바뀌고요. 이렇게 같은 재료를 쓰더라도 셰프에 따라 맛이 각각 다를 수 있듯이 방송사나 시간대에 따라 기상캐스터의 날씨 예보 구성 방식은 차이가 있어요. 저의 경우 뉴스 시청률이 가장 높은 메인 시간대에 맞는 날씨예보를 하려고 노력합니다.

날씨 예보를 할 때 가장 중요한 정보는 무엇인가요

편 날씨 예보는 기상청의 통보문을 토대로 내용을 준비한다고 하셨어요. 만약 통보문이 없다면 어떻게 되나요?

최 기상청의 통보문이 없다면 날씨 예보는 불가능해요. 기상청은 수많은 장비를 동원해 육지와 산간, 바다 등 전국 곳곳의 기상 정보를 취합해 슈퍼컴퓨터가 예측모델을 제시해요. 이렇게 수많은 장비를 설치해 자료를 모으고 날씨를 예측하는 일은 엄청난 비용이 드는 사업이에요. 국가 기관이나 대규모 장비를 갖춘 기업이 아니면 할 수 없는 일이기 때문에 거의 모든 나라가 국가 기관으로 기상청을 운영하지요. 기상을 예측하는 일은 개인이 할 수 없는 일이기 때문에 반드시 기상청의 통보문이 나와야 날씨 예보를 할 수 있어요.

편 기상청 통보문은 어떤 종류가 있나요?

최 기상청은 3개월, 1개월 장기 전망/ 10일 중기 전망/ 3일, 1일 단기 전망을 발표해요. 그런데 속보 형태로 발표되는 통보문도 있습니다. 날씨가 위험할 때 1시간, 30분, 10분 단위로 탄력적으로 운영을 해요.

편 날씨 예보 방송에서 중요한 통보문은 당일 발표되는 것일 텐데, 언제 발표하나요?

최 기상청은 하루에 여러 번 통보문을 발표해요. 가장 빠른 발표는 오전 05시로 알고 있어요. 오전 뉴스에서 날씨 예보를 하는 기상캐스터는 05시 통보문을 보고 원고를 준비하고, 예보의 내용은 주로 당일의 날씨가 어떤가 하는 거예요. 방송국 날씨 예보도 하루에 여러 번 있는데, 시간대에 따라 중점을 두는 사항이 조금 달라요. 오전에는 주로 당일의 날씨가 어떨 것이라는 내용이고, 오후에는 당일 저녁의 날씨와 다음날 날씨, 저녁 시간이 되면 다음날 날씨가 중심이 돼요. 방송국에서는 여러 시간대의 뉴스 중 메인 뉴스에 중점을 두고 기사를 준비하듯이 날씨 예보도 방송국의 메인 뉴스가 가장 중요해요. 저는 MBC의 메인 뉴스인 뉴스데스크 날씨 예보 기상캐스터로서 날씨 예보를 준비하죠. 메인 뉴스는 저녁 시간에 방송되기 때문에 다음날의 날씨를 가장 중요하게 다뤄요. 그래서 오후에 기상청에서 발표한 통보문을 보고 원고를 작성하게 되지요. 기상청은 오후 4시 20분, 5시, 6시에 저녁 시간대부터 다음 날 사이의 날씨를 예보해요. 날씨 변화가 심한 날에는 속보 형태로 한 시간 간격, 또는 30분 간격으로 변하는 날씨를 통보하기도 하는데, 그런 예외 상황을 제외하고는 오후 4시 20분 날씨

해설, 5시30분 단기예보, 6시 중기예보문이 다음날 날씨 예보의 근거가 돼요. 하지만 오후 통보문을 받고 메인 뉴스 시간에 방송할 예보를 준비할 수는 없어요. 시간이 너무 촉박하기 때문이에요. 그래서 저는 출근하자마자 그날 오전 통보문을 보고 1차 원고를 마련한 다음 저녁에 방송할 시간을 어떻게 구성할 것인가 고민하는 시간을 가지고, 방송에 필요한 사항을 준비하는 방식으로 일하고 있어요. 그리고 마지막에 오후 6시에 발표되는 통보문을 보고 달라진 내용을 반영해 원고를 마무리하지요.

편 기상캐스터도 이해할 수 없는 기상 현상이 있을 것 같아요. 이럴 때는 기상청의 도움을 받을 수 있는 건가요?

최 최근에 기상청에서 매주 목요일마다 언론인 대상 정례브리핑을 개최하기 시작했어요. 유튜브 링크를 보내주면 언론인들이 하나둘씩 접속해 듣는데요. 한마디로 이번 한 주간 그리고 다음 한 주간 우리나라 날씨가 어떻다는 것을 기상청 예보관들이 직접 요약 정리해 설명하는 거예요. 기상캐스터로서는 좋습니다. 왜냐하면 딱딱한 통보문 대신 예보관들이 직접 설명해 주는 기상 현상을 과외받는 것 같고, 궁금한 것이 있으면 즉각 질문하면 되니까요. 모르는 용어도 이 브리핑을 통해 습

기상청

날 씨 해 설(제 7-9호)

– (3일 전망) 오늘~모레 장맛비, 매우 강하고 많은 비 주의 –

※ 07월 02일부터 07월 04일까지의 전망입니다.

2024년 07월 02일 16시 20분 발표

<중점 사항>

○ 정체전선의 영향으로 전국 대부분 지역에 돌풍과 함께 천둥.번개를 동반한 강하고 많은 비가 내리는 곳이 있겠습니다.

○ 오늘과 내일 해안과 제주도를 중심으로 바람이 매우 강하게 부는 곳이 있겠고, 대부분 해상에서 물결이 매우 높게 일겠습니다.

○ 내일은 경북과 제주도, 모레는 경상권과 제주도를 중심으로 최고체감온도가 33도 내외로 올라 무덥겠습니다.

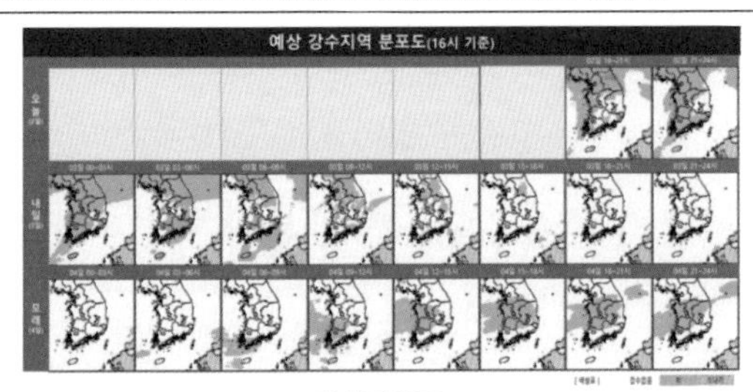

<예상 강수지역 분포도>

강수

○ **(오늘~내일 비)** 오늘(2일)은 수도권과 강원도, 경북북부, 경남권남해안에 비가 오겠고, 밤(18~24시)부터 그 밖의 전국으로 확대되겠습니다.

– 이 비는 내일(3일) 낮(12~15시)에 대부분 그치겠으나, 경기동부와 강원내륙.산지는 저녁(18~21시)까지 이어지는 곳이 있겠습니다.

• 예상 강수량(2~3일)
– (수도권) 경기북부, 서해5도: 20~60mm/ 서울.인천.경기남부: 5~40mm
– (강원도) 강원중.북부내륙.산지: 20~60mm/ 강원남부내륙.산지, 강원동해안: 5~40mm
– (충청권) 대전.세종.충남, 충북남부: 20~60mm/ 충북중.북부: 10~40mm
– (전라권) 광주.전남: 30~80mm(많은 곳 광주.전남서부 100mm 이상)/ 전북: 10~50mm(많은 곳 60mm 이상)
– (경상권) 대구.경북: 10~60mm/ 부산.울산.경남: 10~50mm(많은 곳 60mm 이상)/ 울릉도.독도: 5~30mm
– (제주도) 제주도: 5~30mm

○ **(모레 비)** 모레(4일) 아침(06~09시)부터 전남해안, 오전(09~12시)부터 그 밖의 전라권과 경남북서내륙, 오후(12~18시)부터 경기남부와 강원남부내륙.산지, 충청권, 그 밖의 경상권에 가끔 비가 내리겠습니다. 한편, 제주도는 오전(06~12시)에 비가 오는 곳이 있겠습니다.

• 예상 강수량(4일)
– (수도권) 경기남부: 5~20mm
– (강원도) 강원남부내륙.산지: 5~20mm
– (충청권) 대전.세종.충남: 10~40mm/ 충북: 5~20mm
– (전라권) 전북: 10~40mm/ 광주.전남: 5~20mm
– (경상권) 경남내륙, 대구.경북, 울릉도.독도: 5~20mm

1/4

하루 2번 발표하는 (04:30, 16:30) 단기전망 날씨해설은 친절하게 풀어서 설명이 되어있는 통보문이에요. 출처 : 기상청

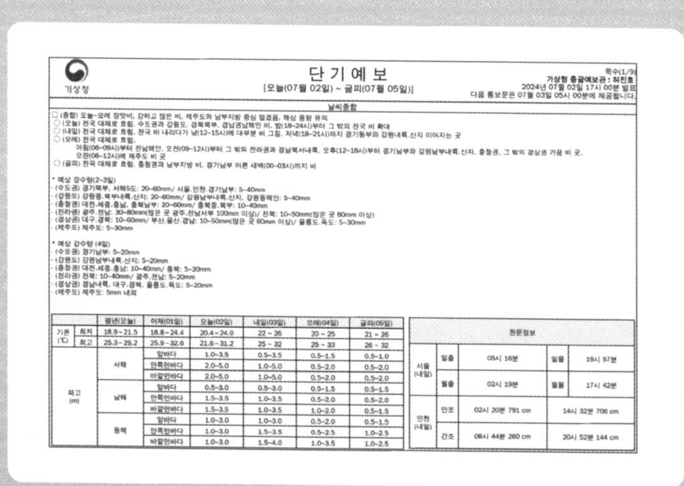

기상청

단 기 예 보

[오늘(07월 02일) ~ 글피(07월 05일)]

쪽수(1/9)
기상청 총괄예보관 : 허진호
2024년 07월 02일 17시 00분 발표
다음 통보문은 07월 03일 05시 00분에 제공됩니다.

날씨종합

□ (종합) 오늘~모레 장맛비, 강하고 많은 비, 제주도와 남부지방 중심 덥겠음, 해상 풍랑 유의
○ (오늘) 전국 대체로 흐림, 수도권과 강원도, 경북북부, 경남권남해안 비, 밤(18~24시)부터 그 밖의 전국 비 확대
○ (내일) 전국 대체로 흐림, 전국 비 내리다가 낮(12~15시)에 대부분 비 그침, 저녁(18~21시)까지 경기동부와 강원내륙.산지 이어지는 곳
○ (모레) 전국 대체로 흐림,
아침(06~09시)부터 전남해안, 오전(09~12시)부터 그 밖의 전라권과 경남북서내륙, 오후(12~18시)부터 경기남부와 강원남부내륙.산지, 충청권, 그 밖의 경상권 가끔 비 곳,
오전(06~12시)에 제주도 비 곳
○ (글피) 전국 대체로 흐림, 충청권과 남부지방 비, 경기남부 이른 새벽(00~03시)까지 비

* 예상 강수량(2~3일)
- (수도권) 경기북부, 서해5도: 20~60mm/ 서울.인천.경기남부: 5~40mm
- (강원도) 강원중.북부내륙.산지: 20~60mm/ 강원남부내륙.산지, 강원동해안: 5~40mm
- (충청권) 대전.세종.충남, 충북남부: 20~60mm/ 충북중.북부: 10~40mm
- (전라권) 광주.전남: 30~80mm(많은 곳 광주.전남서부 100mm 이상)/ 전북: 10~50mm(많은 곳 80mm 이상)
- (경상권) 대구.경북: 10~60mm/ 부산.울산.경남: 10~50mm(많은 곳 60mm 이상)/ 울릉도.독도: 5~30mm
- (제주도) 제주도: 5~30mm

* 예상 강수량 (4일)
- (수도권) 경기남부: 5~20mm
- (강원도) 강원남부내륙.산지: 5~20mm
- (충청권) 대전.세종.충남: 10~40mm/ 충북: 5~20mm
- (전라권) 전북: 10~40mm/ 광주.전남: 5~20mm
- (경상권) 경남내륙, 대구.경북, 울릉도.독도: 5~20mm
- (제주도) 제주도: 5mm 내외

		평년(오늘)	어제(01일)	오늘(02일)	내일(03일)	모레(04일)	글피(05일)
기온 (℃)	최저	18.9~21.5	18.8~24.4	20.4~24.0	22 ~ 26	20 ~ 25	21 ~ 26
	최고	25.3~29.2	25.9~32.6	21.6~31.2	25 ~ 32	25 ~ 33	26 ~ 32
파고 (m)	서해	앞바다	1.0~3.5	0.5~3.5	0.5~1.5	0.5~1.0	
		안쪽먼바다	2.0~5.0	1.0~5.0	0.5~2.0	0.5~2.0	
		바깥먼바다	2.0~5.0	1.0~5.0	0.5~2.0	0.5~2.0	
	남해	앞바다	0.5~3.0	0.5~3.0	0.5~1.5	0.5~1.5	
		안쪽먼바다	1.5~3.5	1.0~3.5	0.5~2.0	0.5~2.0	
		바깥먼바다	1.5~3.5	1.0~3.5	1.0~2.0	0.5~1.5	
	동해	앞바다	1.0~3.0	1.0~3.0	0.5~2.0	0.5~1.5	
		안쪽먼바다	1.0~3.0	1.5~3.5	0.5~2.5	1.0~2.5	
		바깥먼바다	1.0~3.0	1.5~4.0	1.0~3.5	1.0~2.5	

천문정보				
서울 (내일)	일출	05시 16분	일몰	19시 57분
	월출	02시 19분	월몰	17시 42분
인천 (내일)	만조	02시 20분 791 cm	14시 32분 706 cm	
	간조	08시 44분 260 cm	20시 52분 144 cm	

4~5일 동안의 날씨를예보하는 단기예보는 하루 3번(05:00, 11:00, 17:00) 발표해요.

출처 : 기상청

기상청

중 기 예 보 (10일 예보)

(07월 06일 ~ 07월 12일)

쪽수(1/3)
기상청 총괄예보관: 허진호
2024년 07월 02일 18시 00분 발표
※ 다음 통보문은 2024년 07월 03일 06시 00분에 제공됩니다.

1.기상전망

○ (강수) 이번 예보기간에는 전국에 비가 오겠으나, 6일(토) 오전과 8일(월) 제주도에는 비가 소강상태를 보이겠습니다.
○ (기온) 아침 기온은 21~25도, 낮 기온은 27~31도로 평년(최저기온 20~22도, 최고기온 26~30도)과 비슷하거나 조금 높겠습니다.
○ (주말전망) 6일(토)~7일(일)은 전국이 흐리고 비가 오겠으나, 6일(토) 오전 제주도에는 비가 소강상태를 보이겠습니다. 아침 기온은 22~25도, 낮 기온은 27~31도가 되겠습니다.

* (강수 유의 사항 및 변동성) 이번 예보기간 동안 정체전선의 영향으로 비가 오는 지역이 많겠고, 특히, 매우 강하고 많은 비가 내릴 가능성이 있겠습니다. 한편, 정체전선의 위치를 비롯한 우리나라 주변 기압계 변화에 따라 강수지역과 시점 등 예보 변동성이 크겠으니, 앞으로 발표되는 최신 예보를 참고하기 바랍니다.
* (기온) 이번 예보기간에는 남부지방을 중심으로 최고체감온도가 31도 이상으로 올라 무더운 날이 있겠고, 열대야가 나타나는 곳이 있겠습니다.

2.육상날씨와 강수확률

구역 (강수확률, %)	06일(토) 오전	06일(토) 오후	07일(일) 오전	07일(일) 오후	08일(월) 오전	08일(월) 오후	09일(화) 오전	09일(화) 오후	10일(수)	11일(목)	12일(금)
서울·인천 경기도	흐리고 비 (70)	흐리고 비 (80)	흐리고 비 (90)	흐리고 비 (70)	흐리고 비 (80)	흐리고 비 (80)	흐리고 비 (80)	흐리고 비 (80)	흐리고 비 (70)	흐리고 비 (70)	흐리고 비 (60)
강원도 영서	흐리고 비 (60)	흐리고 비 (80)	흐리고 비 (90)	흐리고 비 (80)	흐리고 비 (80)	흐리고 비 (90)	흐리고 비 (80)	흐리고 비 (80)	흐리고 비 (70)	흐리고 비 (70)	흐리고 비 (70)
강원도 영동	흐리고 비 (60)	흐리고 비 (60)	흐리고 비 (70)	흐리고 비 (70)	흐리고 비 (60)	흐리고 비 (70)	흐리고 비 (70)	흐리고 비 (90)	흐리고 비 (70)	흐리고 비 (60)	흐리고 비 (60)
충청북도	흐리고 비 (90)	흐리고 비 (90)	흐리고 비 (90)	흐리고 비 (80)	흐리고 비 (80)	흐리고 비 (80)	흐리고 비 (80)	흐리고 비 (90)	흐리고 비 (80)	흐리고 비 (70)	흐리고 비 (70)
대전·세종 충청남도	흐리고 비 (90)	흐리고 비 (90)	흐리고 비 (90)	흐리고 비 (80)	흐리고 비 (80)	흐리고 비 (80)	흐리고 비 (80)	흐리고 비 (80)	흐리고 비 (90)	흐리고 비 (80)	흐리고 비 (70)
전북자치도	흐리고 비 (90)	흐리고 비 (80)	흐리고 비 (90)	흐리고 비 (70)	흐리고 비 (80)	흐리고 비 (70)	흐리고 비 (80)	흐리고 비 (80)	흐리고 비 (90)	흐리고 비 (80)	흐리고 비 (70)
광주 전라남도	흐리고 비 (90)	흐리고 비 (60)	흐리고 비 (90)	흐리고 비 (70)	흐리고 비 (80)	흐리고 비 (70)	흐리고 비 (80)	흐리고 비 (90)	흐리고 비 (90)	흐리고 비 (80)	흐리고 비 (80)
대구 경상북도	흐리고 비 (80)	흐리고 비 (60)	흐리고 비 (80)	흐리고 비 (60)	흐리고 비 (70)	흐리고 비 (70)	흐리고 비 (70)	흐리고 비 (90)	흐리고 비 (80)	흐리고 비 (70)	흐리고 비 (70)
부산·울산 경상남도	흐리고 비 (60)	흐리고 비 (60)	흐리고 비 (80)	흐리고 비 (60)	흐리고 비 (60)	흐리고 비 (60)	흐리고 비 (70)	흐리고 비 (70)	흐리고 비 (90)	흐리고 비 (80)	흐리고 비 (70)
제주도	구름많음 (30)	흐리고 비 (60)	흐리고 비 (60)	흐리고 비 (60)	구름많음 (30)	구름많음 (30)	흐리고 비 (60)	흐리고 비 (60)	흐리고 비 (60)	흐리고 비 (70)	흐리고 비 (70)

※ 중기예보는 하루 2번(06시, 18시) 발표되므로 최신 예보를 활용하시기 바라며, 8~10일째 예보는 오전과 오후 구분 없이 일별로 예보합니다.

10일 동안의 날씨를 예보하는 중기예보는 하루 2번(06:00, 18:00) 발표해요.

출처 : 기상청

4K UHD 3...2...1......1...2...3 00:35:02

득하게 되고, 기상청 예보관들이 자주 사용하는 용어에 익숙해질 수 있지요. 무엇보다 여러 단계를 거치지 않고 기상예보관과 바로바로 소통할 수 있어서 좋아요. 예보 통보문이 나무를 보는 것이라면, 예보 브리핑은 숲을 보는 과정인 거죠.

편 정례브리핑은 왜 하게 되었나요?

최 기상 현상이 급변하는 일이 잦아지며 예보의 정확성이 떨어지는 사례가 있기 때문에 대비하는 방편의 하나로 생겼다고 봐야죠. 예보라는 것이 확률이기 때문에 방송 시간과 가까워질수록 변동성이 많이 생기는데, 기상청의 정례브리핑을 통해 기상 악화가 발생할 수 있다는 것을 미리 감지할 수 있어요. 그런 정보를 알면 기사를 작성할 때 예측하지 못한 상황이 발생할 수도 있다는 것을 감안해서 단어를 신중하게 선택해 표현할 수 있는 거예요. 그 덕분에 예전과 다르게 '날씨 예보가 틀려서, 날씨가 갑자기 변해서 고생했다'라는 말은 덜 하게 되는 것 같아요.

다른 나라의 날씨 예측모델도 참고하나요

편 태풍의 이동 경로를 예측할 때 다른 나라의 예측모델과 비교하는 일도 요즘엔 흔히 볼 수 있어요. 날씨 예보를 위해 다른 나라에서 발표한 자료도 보는 건가요?

최 우리나라 기상청 예보의 정확성은 높은 편으로 알고 있어요. 그렇지만 날씨라는 게 워낙 변수가 많고 슈퍼컴퓨터의 성능에 따라 예측 결과가 조금씩 다를 수 있어요. 우리나라는 기상청에서 기상 상황을 다각적으로 관측해 취합한 자료를 바탕으로 날씨 예측을 하는데요. 기상청은 한국형 수치예보모델(KIM) 개발을 완료해 운영하고 있어요. 전 세계 수치모델 개발 분야에 있어 한국은 후발주자로서 영국, 미국 등과 같은 기상 선진국에 비해 30년 이상 늦게 시작했지만, 지속적인 개선을 통해 세계 1~2위인 유럽연합모델(ECMWF), 영국기상청모델(UM)과의 격차를 계속 줄여나가고 있어요. 기상청 예보분석관이나 현업에 종사하는 기상 관련 언론인들은 영국형수치모델을 실제로 많이 참고하는데요. 특히 태풍이 발생했을 때 태풍의 진로를 놓고 세계 여러 기관의 날씨 예측모델을 비교할 때가 많아요. 그런데 어느 기관의 예측모델이 맞을까, 안 맞을까를 평가하기 위한 비교는 아니에요. 태풍의 예상 경로가 같다면 같은 대로, 다르다면 다른 대로 그에 따른 대비를 하기 위해서예요. 만약 태풍이 우리나라를 관통할 것으로 예상되면 최대한 피해를 줄일 수 있도록 대비하는 게 중요하니까요. 그리고 기후위기로 기존에 경험하지 못했던 수준의 위험기상 (강수, 폭염) 등이 증가하고 있어 슈퍼컴퓨퍼 예측도 점점 어려워지고 있어요. 슈퍼컴퓨터도 경험해 보지 못한 기상 현상이 발생하고 있는 거죠. 그래서 다른 나라나 기관의 예측 정보를 참고하는 거예요.

어떤 때 기상캐스터가 직접 취재하나요

편 뉴스의 날씨 예보라면 기상캐스터가 스튜디오에서 예보하는 모습이 떠올라요. 그런데 가끔 보면 취재 영상도 있더라고요. 기상캐스터가 취재를 나가는 일도 하는 거죠?

최 폭염이 있는 날은 어김없이 아이들이 시원하게 분수대에 뛰어드는 스케치 영상을 보신 적이 있을 거예요. 매해 여름마다 쓰이는 그림이지만, 날씨 자체로 뉴스가 됩니다. 태풍과 장마처럼 위험한 상황일 때는 직관적인 1차원적 정보 전달 자체가 중요한 뉴스가 되고요. 그래서 기상캐스터가 직접 취재하는 거예요.

평소에는 대부분의 기상캐스터들이 방송을 위해 기상청과 전화를 거의 매일 해요. 취재라는 것 역시, 기상캐스터가 날씨 예보를 어떻게 구성할 것인가에 따라 달라지는 데요. 메인 뉴스의 경우 기상청뿐만 아니라 기관을 좀 더 확장해 날씨로 영향을 받고 있는 지역에 직접 연락해 취재를 합니다. 혹은 날씨가 더운 날 휴일 풍경은 어떨지, 한강변에 직접 나가서 촬영을 해 방송에 쓰일 영상을 찍어오기도 해요. 날씨의 변화가 급격해 그에 대한 준비가 필요할 때, 날씨 변화의 상황을 생생하게 전달할 필요가 있을 때처럼 위급한 상황이나 대처가 필요한 상황뿐 아니라 날씨가 좋아서 야외 활동을 하기 좋은 때나 특별한 경험을 할 수 있는 때도 기상캐스터가 취재를 해요. 이런 취재 영상은 그날의 메인 요리가 되어 날씨 예보 초반에 40초~1분 사이로 구성하고, 뒷부분은 기본 날씨라 부르는, 전국 아침 최저 기온, 낮 최고 기온, 주간 날씨를 평소와 같이 예보를 하는 거예요.

편 예를 하나 들어주세요.

최 최근 기후변화에 따라 예전에 경험해 보지 않은 더위가 찾아왔어요. 지난 여름에는 폭염이 지속되자 여러 곳에서 피해가 발생했는데요. 도심의 온도가 얼마나 높은지, 또 그늘과 햇살 아래의 온도는 얼마나 차이가 나는지 알아보기 위해 온도계를 들고 나가 뙤약볕 아래와 그늘의 온도 차이를 취재한 적도 있어요. 제가 취재하는 것은 기자들이 하는 것처럼 오랜 시간 준비하는 건 아니에요. 그래서 멀리 가거나 오랜 시간이 걸리는 취재는 잘 하지 않고 방송국과 가까운 곳이나 서울시 안에서 취재를 하는 편이죠.

폭염 야외 스케치와 스튜디오로 구성한 방송(2019년 7월 5일 뉴스데스크)

위험기상일 때는 어떻게 방송하나요

편 최근에 여름엔 폭우, 겨울엔 폭설 등으로 위험기상이 많이 발생하고 있어요. 그런 때는 어떻게 하나요?

최 제가 평소에는 저녁 8시 또는 9시 정도에 퇴근해요. 그런데 위험기상이 발생하면 기상 특보가 나가기 때문에 퇴근을 미루고 특보에 대비해 기상 상황을 살피고 자정까지 대기를 해요. 언제라도 생방송을 할 수 있도록 날씨 예보를 준비하는 거죠. 기상 상황이 급격하게 변화하는 날은 기상청에서 30분 단위로 특보를 내거든요. 그런 날은 스튜디오와 기상센터 사무실을 쉴새 없이 오가며 속보와 특보를 반영하고, CG를 수정합니다. 시간에 쫓길 때는 기상청에 미리 전화 취재를 해 방송에 내보낼 정보를 얻어내기도 해요. 제가 방송을 하는 도중에 특보가 발령될 수도 있는데, 그럴 때 전화를 한 번 더 해볼걸 후회하기도 해요. 그래서 5분, 10분 단위로 특보가 새롭게 발령되고 변화할 때는 언제 특보를 발령할지 기상청에 발령 시점도 미리 물어보고 생방송에 반영하지요.

편 기상 특보가 발령되면 꽤 긴장되기도 하겠어요.

최 어느 겨울날은 오후 4시 30분에 기상청에서 눈이 오겠으나 적설량은 적을 것이라고 발표했어요. 이 시간에 나오는 통보문은 전국의 기상청 예보관들이 모여 토의한 결과라서 정확도가 높은 통보문이에요. 그래서 저는 그 통보문을 바탕으로 원고를 준비했는데 퇴근길에 갑자기 대설주의보가 발령된 거예요. 적설량이 5cm가 넘으면 대설주의보를 발령하는데, 불과 2시간도 되지 않아 기상 상황이 급변했다는 통보를 받으면 방송을 코앞에 두고 원고를 수정하고 지역마다 예보된 예상 적설량 숫자를 바꾸는 등 미리 준비해 두었던 원고를 거의 뜯어고쳐야 하는 상황이 와요. 사실 대설주의보를 내려야 할 조짐이 보일 때 기상청에서는 숙고하는 시간이 있어요. 예상 적설량이 1~3cm였는데 적설량이 좀 증가할 것 같다는 조짐이 있으면 그 상황이 될 것인지 확인하는 과정이 필요하잖아요. 더군다나 주의보나 경보를 발령해야 한다면 예측의 정확도가 높아야 하니까 기상청에서는 좀 더 명확해질 때까지 기다렸다가 발표하는 경향이 있어요. 통보문을 받으면 방송사에서 '올겨울 첫 대설주의보', '퇴근길 대란 예상', 이런 식으로 홍보를 하니까 기상청에서 부담스러운 면이 있어서 신중하게 결정하는 거죠. 대설주의보를 발령했는데 눈이 적게 왔다거나, 예상치보다 더 많은 눈이 내리면 기상청 입장에서도 예측이 어긋났다는 부담이 있으니까요. 이런 날은 방송 직전까지 기상청에서

새 통보문이 나오는지 지켜봐야 해요. 방송 전에 나오면 바로 원고도 수정해야 하고요. 그래서 긴장이 많이 돼요.

편 어떤 때 기상청의 통보문이 늦어지나요?

최 저의 경험으로 보면 비의 양이나 적설량이 얼마나 늘어날지 예측하기 어려울 때 그런 것 같아요. 비가 많이 온다거나 눈이 많이 온다는 것은 그에 따른 피해가 있을 수 있다는 거예요. 이렇게 어떤 피해가 예상될 때는 좀 더 신중한 접근이 필요해서 그렇지 않나 생각해요. 사실 예측한 것보다 비나 눈이 적게 오는 것은 예보 측면에서 돌발성 폭우나 폭설이 올 때에 비하면 나아요. 그런데 예상치 못한 날씨로 인해 국민의 생명과 재산의 피해가 예상될 때가 가장 긴장되는 순간으로 더욱 신중하게 검토하는 것 같아요.

최근 날씨 예보에 변화가 있다면 무엇일까요

편 최근 날씨 예보를 보면 예전보다 화면 구성도 다양하고 전달하는 정보의 양도 많은 것 같아요. 날씨 예보에 변화가 있는 건가요?

최 날씨 예보를 하는 기관의 공통점은 기상청의 통보문을 따른다는 거예요. 앞에서도 말했듯이 기상 정보는 국가 기관이나 그에 준하는 기관에서 제공해요. 그만큼 기상의 관찰과 정보 수집을 위한 장비가 충분히 갖춰져야 날씨의 예측이 가능하기 때문인데요. 문제는 한 기관에서 나오는 통보문을 토대로 모든 방송사가 예보 방송을 해야 하는데, 시청자의 눈을 사로잡기 위해서는 각각 나름의 특성이 있어야 해요. 그래서 저희는 기상청의 정보를 근거로 사람들의 실생활에 도움이 되는 정보를 추가해서 전달하려고 노력해요. 특히 메인 뉴스 프로그램을 맡은 기상캐스터라면 이 부분에 더 신경을 써야 하죠. 일반 뉴스는 보통 50초에서 1분 사이에 예보를 마쳐야 해서 전국의 기온 변화와 그날의 상황을 전달하는 것만으로도 그 시간이 꽉 차요. 하지만 메인 뉴스 시간에는 시간 배정도 더 길고 더 많은 사람들이 시청하는 시간대이기 때문에 일반 뉴스에서 다루지 못하는 내용까지 다루는 등 차별성을 두고 시청자가 궁금할 수 있는 정보와 실생활에 도움이 되는 정보를 제공하려고 노력하고 있어요. 예를 들어 9월인데도 열대야 현상이 나타난다면 그 이유가 무엇인지 심층적으로 분석하고, 그 내용을 쉽고 간결하게 시청자에게 전달하려고 하는 거예요. 또 덥다면 더위의 정도가 어떤지 실생활에서 비교할 수 있는 예를 들기도 해요. 온열 질환자가 얼마나 발생했는지, 양식장의 피해가 어느 정도인지 등 과거의 자료와 현재의 상황을 비교해서 더위의 양상이 과거와 다르다는 것을 알려드리지요.

예보가 크게 빗나갔다면 어떻게 대응하나요

편 요즘엔 가끔 전날 저녁 뉴스에서 예보한 것과 다음날 날씨가 크게 다른 날도 있는 것 같아요. 그냥 지나치지는 않을 텐데 어떻게 대응하시나요?

최 최근 일이 하나 떠오르는데요. 지난 2024년 9월에 있었던 일이에요. 전날 예보할 때 다음날 낮 최고 기온이 31도로 예상된다고 보도했어요. 이게 왜 기억에 남았냐면, 추석 연휴까지 반팔을 입을 정도로 정말 이례적인 더위가 지속적으로 나타나고 있어서예요. 모두가 선선한 가을을 너무 애타게 기다리고 있었을 때죠. 그런데 다음날 낮 최고 기온이 24.8도로 예상치보다 훨씬 낮았어요. 북쪽 찬 공기가 일시적으로 남하했거든요. 24.8도면 9월 하순에서 10월 초 선선한 가을 날씨예요. 예보와 달랐지만, 오히려 반가웠던 경우죠. 그래서 '깜짝 가을 공기'라는 타이틀 자막을 달아서 방송을 했어요. 모두의 공감을 얻을 수 있는 방식으로 수습 아닌 수습을 한 거죠. (웃음) 그날 급하게 상암동 전경을 촬영해 영상으로 활용했고요. 저 어릴 적에는 9월 추석에는 쌀쌀했는데 이제는 옛말이 된 것 같다고 주변에도 이야기했던 기억이 나네요.

정말 난감할 때는 여름 비 예보예요. 차라리 폭우가 쏟아진다고 했다가 안 오면 조금은 나아요. 그런데 비 소식이 없다가 갑자기 비 예보가 추가 되는 경우에는 미리 대처하지 못하는 분들이 그대로 불편을 겪어요. 야외 작업장에서 일하시는 분들도 그렇고요. 여름철에는 비구름이 한 지역에서 폭발적으로 발달하는 국지성 호우로 쏟아지기 때문에 매해 여름 인명 피해 만큼은 없기를 바라는 간절한 마음으로 방송을 합니다.

자료 조사는 어떻게 하나요

편 그날의 날씨가 사람들에게 어떻게 영향을 미치는지 자료를 조사한다고 하셨어요. 어떻게 조사하시나요?

최 낮 동안 고온이 유지되고, 밤사이 기온이 25도 이하로 떨어지지 않는 열대야가 이어지는 여름철에는 온열 질환자가 많이 발생해요. 이럴 때는 온열 질환자가 속출하는 시간대와 환경을 분석해 국민에게 알려야 해요. 특정 시간에 야외 활동을 자제하라거나, 열대야가 지속될 때는 어떻게 건강 관리를 해야 한다는 등의 정보를 제공하는 거죠. 이런 정도의 정보는 이제 모르는 사람이 거의 없을 정도로 상식이고, 하루에 온열 질환자가 몇 명이 나왔는가 하는 정보는 모두 공개되어 있어요. 단순하게 몇 월 몇 일 온열 질환자 몇 명 발생, 언제부터 언제까지 몇 명 발생했다는 기록만 예보에 사용하면 너무 밋밋해요. 그래서 저는 소방재난안전대책본부에 직접 전화를 걸어서 그날 직접 출동한 사례가 있었는지, 있었다면 몇 건이나 되는지, 출동했을 당시 환자의 체온은 몇 도인지, 연령대는 어느 정도인지 등을 세세히 물어봐요. 그렇게 직접 물어보면 의외의 정보를 얻을 수 있어요. 우리는 보통 온열 질환자 중에 고령의 노인들이 많을 것이라 예상하는데, 근래에는 50대도 있고 30대도 있었어요. 폭염이 지속될 때는 고령자 위주로 조심해야 한다고 하는데, 직접 취재한 자료를 통해 요즘엔 젊은 사람들도 위험할 수 있는 지독한 더위라는 포인트로 시청자에게 다가갈 수 있어요. 이렇게 더위가 열흘, 한 달 이상 이어질 것이라는 전망이 있으면 상황이 더 안 좋아질 수 있으니, 더위에 취약한 고령자와 어린이를 포함해 면역력이 약한 사람들이 경각심을 가지고 건강을 돌볼 수 있도록 도움을 드리려고 해요. 이런 식으로 다른 사람에게 의존하지 않고 스스로 좀 더 새롭게 시청자의 눈과 귀를 사로잡는 방법을 생각하면서 여러 가지 방법을 찾아 자료를 수집해요.

편 자료 조사를 정말 폭넓게 하시네요. 그러면 이런 내용을 전달할 때 관련 영상도 필요할 텐데 그것은 어떻게 확보하세요?

최 소방청에 문의했을 때 제가 알고 싶은 것은 세세히 알려주셨는데 아쉽게도 온열 질환자가 발생한 현장에 출동한 영상과 사진은 없다고 하더라고요. 내용은 좋은데 뒷받침할 이미지가 없으면 정보 전달력이 떨어지는 거예요. 그래서 고민하다가 과거 자료를 활용하자는 생각이 들어서 소방청에 오늘과 같은 일이 발생했을 때 찍어놓은 영상이 있느냐고 물었죠. 다행히 과거 자료가 있다고 보내주셔서 방송에 내보낼 수 있었어요.

편 기상캐스터가 요청하면 영상 같은 자료도 다 보내주시는가 봐요.

최 원래 그런 기관에서는 기자가 취재하면서 자료를 요청하면 웹하드로 자료를 보내주거나 내부적으로 출입기자에게 보도자료를 배포한다고 해요. 그런데 저는 기자가 아니라서 처음엔 자료를 보내줄 수 없다는 답을 들었어요. 그래서 저는 뉴스데스크 기상캐스터라고 소개하고 날씨 코너에 이러이러한 내용을 소개하고 싶다고 말씀을 드렸지요. 그랬더니 "기상캐스터라고요? 기상캐스터가 이렇게 자료를 요청하는 건 처음 보는데?"하고 의아해하시는 분들이 많았어요. 그럼에도 제가 왜 그러는지 자세히 설명하고 도움을 요청하면 대개는 들어주셨어요. 지금은 제가 자료를 어떻게 활용하는지 아시니까 요청하면 웹하드로 보내주시고, 이메일, 문자, 카카오톡 등 다양한 방식으로 소통을 하고 있어요. 저도 일반 뉴스를 할 때는 이렇게까지 깊은 소통은 하지 못했어요. 주어진 시간이 부족해 기본적인 날씨 정보를 전달하는 데도 벅차기 때문이에요. 그렇지만 메인 뉴스 시간대는 주어진 시간도 충분하고 시청자도 날씨에 관심이 많기 때문에 제가 추가적으로 준비하는 것이 잘 쓰일 수 있는 것 같아요. 하지만 기상캐스터의 업무 방식이 모두 동일한 것만은 아니에요. 자신이 추구하는 방송 방향에 따라 다르게 준비할 수 있지요.

방송 대본을 작성하는 노하우가 있나요

편 날씨 예보 대본을 모두 직접 쓰시는데, 노하우가 있다면 알려주세요.

최 처음 기상캐스터가 되었을 때 방송 대본 작성하는 게 어려웠어요. 저의 경우는 입사 초기 2주 가량 교육기간이 있었어요. 저널리즘의 기초부터 기상 기초, 전문 방송 훈련까지요. 이후 방송에 바로 투입이 되었는데 그때 선배 기상캐스터의 문구를 따라하는 연습을 많이 했어요. 또 통보문 대로 원고를 작성하면 전달력이 떨어지는 것 같더라고요. 그래서 다른 방송사 기상캐스터나 기상전문기자는 어떻게 하나 모니터링도 많이 했었죠. 그러다 저만의 방법을 찾아낸 것 같아요. 한 번은 혹한의 추위가 찾아온다는 예보가 있었어요. 강원도 기온이 영하 20도에서 30도까지 떨어진다는데 그 정도의 온도면 대체 어느 정도의 추위일까, 하는 의문이 들더라고요. 그래서 주말에 강원도 평창으로 여행을 가봤어요. 오대산 산책을 하다가 살이 에는 듯한 매서운 바람을 맞으니까 저도 모르게 '맵다, 추위가 맵다'라는 말이 떠올랐어요. 바로 다음 날 방송에서 "이번 추위를 맛으로 표현하자면, 지금까지는 매운맛이었다면 내일부터는 조금 순해지겠습니다."라고 표현했지요. 그냥 건조하게 "오늘은 영하 20도로 추웠는데, 내일은 영하 10까지 기온이 오르겠습니다."라고 말하면 팩트를 전달한 거라 틀린 건 아니지만, 영하 10도도 꽤 추운 날인데 '기온이 오른다'로 표현한들 춥다는 사실이 달라지는 건 아니라 별 차이가 있는 것 같지 않았어요. 같은 추위라도 온도에 따라 체감하는 기온이 다르잖아요. 그래서 제가 직접 경험한 추위를 맛으로 표현해서 생생한 느낌을 전달했던 거예요. 그랬더니 시청자의 반응이 꽤 좋았어요. 이렇게 제가 느끼는 날씨를 그대로 전달하면 날씨의 느낌이 시청자에게 좀 더 생생하게 전해지는 것 같아요. 또 실제로 제가 직접 촬영한 사진을 활용해 시청자들에게 "오늘 제가 직접 촬영한 사진입니다."하고 방송했더니 시청자와 공감대가 형성되는 것도 느낄 수 있었고요. 그래서 방송 대본을 쓸 때는 그날 날씨에 관한 저의 느낌도 넣고, 제가 궁금한 것을 공부한 다음에 시청자도 궁금할 것들을 찾아보게 되었지요.

야외 중계방송은 언제 하는 건가요

편 날씨 예보를 스튜디오가 아닌 야외에서 하는 것을 본 기억이 있어요. 어떤 때 야외 중계를 하는 건가요?

최 야외 중계를 하는 시점이 있어요. 이건 계절별로 거의 정기적으로 하는 것 같은데요. 봄을 알리는 꽃이 피기 시작할 때, 여름 더위가 시작되었을 때, 찬바람이 불고 단풍이 드는 가을날, 겨울 추위를 알리는 찬 바람 부는 날 등 우리가 해마다 겪는 계절의 변화이지만 항상 새로운 것도 사실이잖아요. 그래서 계절의 변화를 느낄 수 있는 날은 이벤트처럼 야외 중계를 해요. 이렇게 순환하는 계절의 변화를 느낄 수 있는 좋은 날도 있지만 계절의 변화에 따른 날씨로 시민들의 피해가 예상되는 날도 바깥의 상황을 취재해요. 날씨가 시청자의 실생활과 직접 관련이 있다고 판단되면 바깥으로 나가는 거죠. 예를 들어, 장마가 처음 시작되는 날이나 첫눈이 내리는 날이라면 퇴근길 시민들이 불편하지는 않는지 상황을 살피며 야외 중계를 준비해요. 기상캐스터로서 반갑지 않을 때는 위험기상으로 인한 야외 중계일 거예요. 촬영할 때의 어려움도 있지만 기후변화의 무서움을 느끼기 때문인 것 같아요.

설 연휴에 강추위가 찾아와 강남고속버스터미널을 직접 찾아 연휴 풍경을 전하기도 했어요.
(2023년 1월 20일 뉴스데스크)

편 어떤 변화가 느껴지시나요?

최 2023년 12월이었어요. 계절은 겨울인데 많은 양의 비가 쏟아질 것으로 예상되어 야외 촬영을 나갔어요. 많은 비가 쏟아진다고 예보되었으니까 예상은 했는데, 건조한 겨울철에 여름 같은 비라니, 눈앞에서 폭우가 쏟아지는데 정말 믿어지지 않았죠. 경각심을 주기 위해 장마 방송 때 입는 우비도 착용했어요. 그때가 또 퇴근길과 겹친 시간이라 교통 대란이 예상되는 데다, 시민들의 안전이 위협받을 수도 있는 상황이었어요. 비 예보를 할 때는 하루의 강우량도 중요하지만, 1시간 당

쏟아지는 강우 강도가 더 중요하거든요. 시간당 30mm 이상의 비는 시야도 가리게 되고, 도로에 물이 금방 차올라 교통이나 보행에 불편을 주고요. 지하도로 침수, 하수구 역류 등 피해로 이어져요. 문제는 그 동안 겨울철에 여름철 같은 비를 겪어보지 못했으니 국민들도 비가 실제로 오기 전까지는 실감하기 어렵고 대비를 하기가 어려울 수 있죠. 이렇게 수도권에는 장대비가 쏟아질 때, 같은 날 강원도 산지에는 대설 경보가 내려지는 이례적인 상황이었죠. 게다가 비가 그친 뒤에는 한파가 찾아와 도무지 여름인지 겨울인지 분간하지 못하는 날씨 예보를 할 때도 있습니다. 이럴 때는 1차원적인 사실 자체를 뉴스로 전달하는 게 정말 중요해요.

외국 날씨를 예보할 때도 있던데요

편 국내의 날씨를 예보하면서 외국의 날씨를 소개하는 일도 있던데요.

최 날씨 예보에서 외국의 날씨가 언급되는 때는 우리나라에 영향을 미치는 태풍이나 기압의 변화 등 인근 나라들의 상황이 대부분이에요. 그런데 가끔은 우리나라와 먼 곳에 있는 나라의 기후를 언급할 때가 있어요. 세계적인 이벤트가 있는데 그게 우리나라와 관련이 있다면 언급하는 거예요. 지난 2024 파리올림픽 때 저도 파리의 날씨를 꽤 여러 번 소개했는데요. 우리나라 선수들이 경기를 펼치는 곳이고, 온 국민의 관심이 쏠려있는 곳이라 선수들이 경기를 잘 치르기를 바라는 마음으로 그곳의 날씨를 예보했지요.

편 파리의 날씨 정보는 어떻게 수집하셨어요?

최 외국의 기상 정보를 얻으려면 그 나라 기상 당국의 예보를 보는 게 가장 정확해요. 파리올림픽 때는 프랑스 기상 당국의 예보를 수시로 체크했어요. 파리올림픽은 기후변화에 대응하는 관점에서 굉장히 주목을 받았어요. 파리올림픽 조직위원회는 탄소 배출을 최소화하고, 재생 가능 에너지를 활용하는

환경친화적 방식을 채택해 올림픽을 치른다는 방침을 세웠어요. 그 방침에 맞게 올림픽 사상 최초로 야외 개막식을 열었지요. 올림픽 개막식은 전 세계에 생중계되는 큰 이벤트인데, 실외에서 개최되니까 날씨의 영향을 받을 수밖에 없었어요. 개막식은 우리나라 시간으로 새벽 2시 반에 시작했는데, 그날 파리에 비가 온다는 예보가 있어서 저도 우리나라 기상청에 전화해서 파리 날씨를 어떻게 예측하냐고 물어봤어요. 또 실외에서 열리는 경기는 날씨의 영향을 많이 받잖아요. 특히 우리나라 국민이 한마음으로 응원했던 양궁 경기가 열리는 날은 좀 더 관심을 가지고 파리 날씨를 살폈어요. 하필이면 당시 파리가 평년보다 3.1도나 높은 폭염의 날들이라 경기하는 선수들에게 영향을 미칠지 걱정도 했고요. 국민들도 저와 같은 마음일 것으로 생각해 예보 시간에 파리의 날씨도 전해드렸죠. 날씨 예보하는 짧은 시간에 기후와 관련해서 국민과 공감대를 형성할 수 있었던 것 같아요.

편 파리올림픽이 친환경 저탄소 올림픽을 지향한 최초의 올림픽이었는데요. 기후 때문에 선수들이 많이 힘들었던 것 같아요.

최 선수들 숙소에 에어컨을 설치하지 않았죠. 그뿐 아니라 공공장소와 이동 수단인 버스 등에도 에어컨을 설치하지 않았어요. 그래서 선수들이 더위로 고생을 많이 했다고 하더라고요. 사실 저도 체육과 관련한 전공이라 날씨와 경기의 연관성은 누구보다 더 잘 알고 있어요. 그래서 날씨가 선수들 컨디션에 큰 영향을 주는 요소인 만큼 더 관심을 가지고 자료를 수집했었고, 국민과 한마음으로 선수들을 응원하는 공감대를 형성할 수 있어서 뿌듯했어요.

기상캐스터의 하루

기상캐스터마다 맡은 뉴스 시간대가 달라서 저의 업무 시간표가 일반적이지는 않을 거예요. 저희 방송국은 평일 오전, 평일 오후, 주말에 일하는 기상캐스터가 따로 있어요. 그중에 저는 평일 오후에 일하는데요. 여기서는 저의 업무를 중심으로 일과를 알려드릴게요.

오후 2시 : 출근 및 자료 검토

상암동 방송국으로 출근했어요. 출근하자마자 타 방송국의 날씨 예보 모니터링을 하고, 밤사이 발생한 일을 확인해요. 날씨로 인한 이벤트는 없었는지 보는 것이죠. 그 후 자료 검토를 해요. 기상청이 오전에 발표한 통보문을 보고, 연합뉴스를 비롯한 정보통신사에 올라온 날씨 기사를 찾고, 그와 관련한 사진과 이미지도 모두 찾아서 살펴봐요. 아침 출근길 풍경은 어땠는지, 낮 최고 기온은 얼마였고, 시민들의 반응은 어땠는지 등이에요. 그리고 전날 퇴근길의 상황과 밤사이 변화한 날씨 정보도 살펴요.

모니터링을 하며 어제의 보도가 잘 맞았는지도 확인하는 거예요. 뉴스데스크 날씨 예보는 저녁 8시에 방송하기 때문에 당일 낮의 날씨, 밤의 날씨, 다음날 출근길의 날씨를 종합적으로 아울러 전달해야 해요. 그래서 전날 24시간의 상황을 살피는 것도 중요한 일이에요. 그리고 보도를 위해 자료를 살피다 의문 나는 게 있으면 기상청이나 날씨로 인해 어떤 상황이 발생한 지방자치단체에 전화를 걸어 직접 취재해요. 이렇게 날씨 정보를 취합하고 종합해 저녁에 방송할 원고를 1차로 작성해요. 이때 작성한 원고는 날씨 예보를 하기 전까지 여러 번의 검토 과정을 거치게 되죠. 저는 원고를 작성하면서 여러 자료를 검토하고 오늘 보도는 어디에 중점을 두는 게 좋을까 생각해요.

오후 4시 : 데스크 아이템 회의

오후 4시에 데스크 아이템 회의가 있어요. 회의는 보통 기상센터 팀장님과 날씨 전문 PD님, 그리고 제가 참여하는데요. 저는 그날의 날씨 정보를 분석한 내용을 발제하고 어떤 사항을 중점적으로 다룰지 의견을 제시하죠. 기상청의 통보문을 분석할 때는 기상청에서 어떤 사항을 주의 깊게 살피고 있는지 의도를 파악해야 해요. 그 의도를 파악하면 다음 통보문에서 어떤 사항이 변화할지 보이거든요. 그런 예측을 하고 있어야 순조롭게 최종 원고를 작성할 수 있어요. 또 다른 방송사는 날씨 예보를 어떻게 하는지 모니터링도 해요. 어느 방송국이나 날씨 예보는 기상청의 통보문을 바탕으로 하기 때문에 내용의 차이는 없어요. 하지만 어떤 방식으로 전달하느냐의 차이는 있지요. 또 회의에서 화면 구성을 어떻게 할지 결정하는 일도 중요해요. 뉴스 보도는 화면을 동반해요. 1분 20초라는 시간이 짧아 보여도 화면으로 꽉 채우기 위해서는 다양한 아이디어가 필요해요. 위성 영상, 레이더 영상, CCTV 영상, 촬영 영상, 촬영 사진, CG 그래픽 등 화면으로 사용할 수 있는 아이템은 다양해요. 화면은 보통 어느 한 가지 아이템으로 구성하지 않고 여러 가지를 활용해 밸런스를 맞춰야 해요. 화면의 구성은 그날의 날씨에 따라 선택하고, 필요하다면 제가 직접 찍은 사진도 활용하고 있어요.

날씨 예보도 일종의 경쟁이라 좀 더 새롭게, 좀 더 정확하게 예보하려고 변화를 시도하는 거지요. 그 변화를 준비하는 시간이 데스크 아이템 회의인데요. 이때 저는 오늘 예보의 중점에 따라 어떤 변화를 줄 것인지 아이디어를 내고 기상전문기자님과 의논해요. 회의에서 기상전문기자님의 의견도 중요해요. 보도 영상은 어떤 것을 쓸 것인지, CG는 어떤 것을 중점으로 만들지 등에 관해 의견을 나누고 그날의 예보 방향을 확정해요. PD님은 화면을 구성하는 일을 주로 담당해요. 슈퍼컴퓨터나, CCTV, 제보 영상을 어떻게 활용할 것인가, CG 화면은 어떤 점에 중점을 두어야 하는가 등에 대한 의견을 제시해요.

회의에서는 참여자 각자가 중점적으로 보는 사항에 대한 의견을 나누고 종합해 그날 보도할 내용과 화면의 아이템을 확정해요. 날씨 예보는 필수적인 부분이 있고 변화를 주어 보도할 수 있는 부분이 있어요. 회의에서는 주로 어떤 변화를 줄 것인가에 관한 의견을 나눠요.

오후 5시 30분 : CG 의뢰 및 원고 수정

아이템 회의에서 결정한 사항에 대해 보완한 다음 오후 5시 30분이 되면 그에 맞는 CG를 만들어 달라고 그래픽 의뢰를 해요. 오후 5시 30분은 기상청에서 통보문을 발표하는데요, 통보문을 보고 원고를 수정해요. 별다른 일이 없다면 이 원고가 최종이 되는데, 만약에 위험기상이라면 예보 직전까지 변화된 상황을 반영해야 해요. 수정한 원고는 기상센터 팀장님의 검토를 거쳐요. 회의 때 내용이 잘 반영이 되었는지, 틀린 자료는 없는지, 영상은 최종적으로 어떻게 편집됐는지도 봐요. 또한, 예보는 어떤 단어를 쓰느냐에 따라 정보의 정확성, 예측의 방향성 등이 차이가 나게 들리기 때문에 단어의 선정에 매우 민감해요. 그런 부분을 팀장님이 검토하는 거예요.

오후 6시 : CG 확인 및 기상청 통보문 최종 확인

의뢰한 CG가 의도대로 제작이 되었는지, 오타는 없는지 확인을 해요. 혹은 불필요한 글자를 넣어 가독성이 떨어지는 건 아닌지도 최종 CG 결과물을 보고 수정합니다. 다음 페이지에 제시한 이미지는 제가 만든 그래프를 CG로 제작한 거예요. 그래프를 보면 기온 변화를 나타내는 숫자가 복잡해 변화가 한눈에 들어오지 않아요. 이 상태의 그래프는 정보 전달력이 떨어지기 때문에 강조할 숫자를 선택하고, 비교할 내용이 눈에 뜨일 수 있도록 그래프의 색을 달리해 달라고 CG 제작을 의뢰했던 거예요. 원하는 결과가 나올 때까지 수정에 수정을 거듭한 결과물을 최종 방송에 사용하지요.

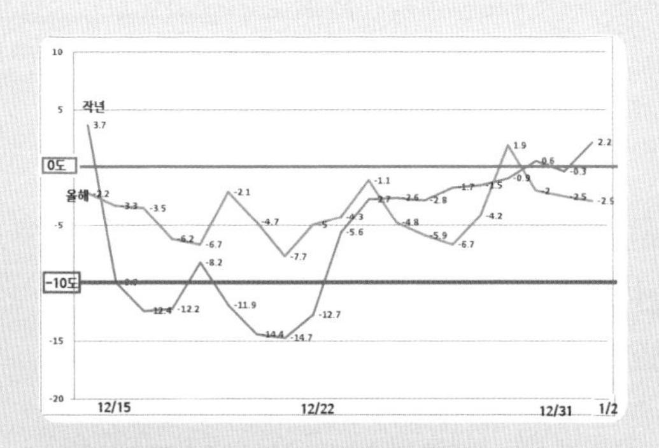

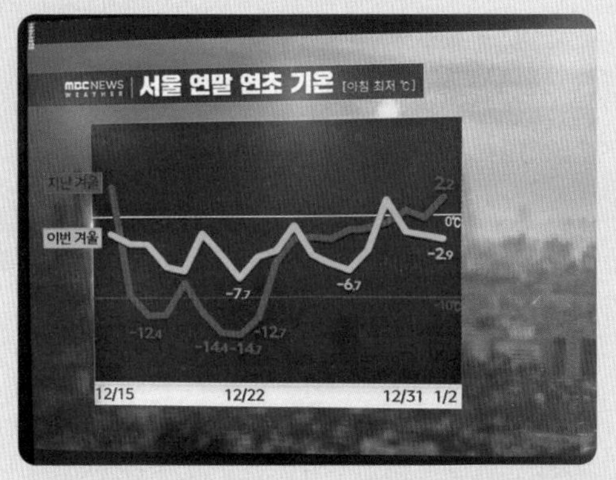

서울의 연말 연초 기온을 보여주는 그래프를 CG로 만들었어요.

기상청은 오후 6시에 예보 통보문을 또 발표해요. 위험기상이 아니라면 이 통보문이 기상캐스터가 살펴야 할 마지막 통보문이에요. 이것을 보고 변화가 없다면 원고를 확정하고, 만약 변화가 조금 생겼다면 그것을 반영해 원고 수정을 해요. 이렇게 오늘 방송할 최종 원고가 완성되었어요.

오후 7시 방송 녹화 또는 생방송

확인이 끝나면 작성한 원고를 암기해서 스튜디오로 내려갑니다. 기상캐스터가 리모컨을 누르면 CG, 즉 화면 페이지가 바뀌기 때문에 멘트와 화면이 넘어가는 시간을 맞춰보고, 어떤 부분을 강조해 전달할지 몸짓도 함께 고민해요. 뉴스데스크 날씨 제작을 위해 카메라, 오디오, 조명 등을 담당하는 여러 스태프가 있기 때문에 스튜디오에 내려가서 연습하는 것이 아니라, 기상캐스터는 모든 준비가 완료된 상태로 녹화방송이든, 생방송이든 실전에 바로 돌입한다는 생각으로 방송을 합니다. 뉴스데스크 날씨는 1분 20초가 배정이 되어 있기 때문에, 1초라도 시간이 넘어가거나 부족하면 다시 해야 해요. 긴박하게 돌아가는 생방송을 할 경우에는 인이어를 통해 뉴스센터에서 1분 혹은 30초로 날씨를 줄여달라, 혹은 뉴스특보 상황에서는 2분으로 늘려달라는 요구를 즉석에서 받기도 하는데요. 멘트를 뉴스 시간에 맞춰 늘리고 줄이고 자유자재로 구사할 수 있어야 해요.

오후 8시 퇴근

녹화방송 또는 생방송을 마치고 퇴근해요.

SUN
10°C
6°C
MON
11°C
4°C
TUE
12°C
3°C
WED
12°C
5°C
THU
10°C
4°C
FRI
12°C
5°C
SUT
13°C
4°C

기상캐스터가 되는 방법

TEMP
45

WIND
12m/s

SUNRISE
5.48

어떤 소양을 갖추면 좋을까요

편 기상캐스터가 되려면 어떤 소양을 갖추면 좋을까요?

최 사람들과 소통하는 것을 두려워하지 않아야 해요. 뉴스에서 보이는 기상캐스터는 혼자서 말하고 있지만, 날씨 예보를 준비하기 위해 꽤 다양한 사람들과 소통해요. 기상청 예보관들과 소통하는 것은 기본이고, 계절의 변화를 알리는 장소에서 일하는 사람들, 날씨로 인해 벌어지는 일과 관련된 사람들과 주기적으로 연락해 날씨 예보에 활용할 수 있는 정보를 취합하고 있어요. 지금은 제가 연차가 있어서 그분들과 자연스럽게 대화하지만 이런 관계로 맺어질 때까지는 조금 힘들었어요. 하지만 일을 위해서는 용기를 내서 모르는 사람과도 소통할 수 있어야 해요.

날씨에 관한 관심도 필요해요. 하늘을 바라보는 것을 좋아하고 날씨의 변화를 알아챌 수 있는 감각이 남들보다 예민하면 더 좋겠지요. 비 냄새, 햇빛 냄새, 봄 냄새, 가을 냄새를 맡으며 날씨의 변화를 느끼는 사람도 많아요. 하늘의 색과 대기의 습도, 바람과 온도에 예민하게 반응하는 사람도 있고요. 이렇게 날씨가 변화하는 것을 알아차릴 수 있는 감각이 있으면 이 일을 하는 데 큰 도움이 되지요. 그렇지만 꼭 그런 감각을 타

고나야 한다는 말은 아니에요. 날씨에 관심이 많으면 그런 감각은 길러질 수도 있다고 생각해요. 관심은 호기심이거든요. 구름의 모양은 왜 다른지, 달이 뜨는 시간은 왜 매일 달라지는지, 이런 관심을 가지고 관찰하면 흥미를 느끼게 돼요. 제가 호기심, 흥미를 강조하는 이유는 그런 관심이 곧 날씨를 표현하는 능력과 관련이 있기 때문이에요.

기상캐스터는 기상청이 발표한 날씨 정보를 국민에게 전달하는 역할이에요. 같은 정보라도 전달자가 어떻게 표현하느냐에 따라 공감의 차이가 난다고 생각하는데요. 기상 현상에 관심이 많은 친구라면 다양한 표현으로 전달할 수 있을 거예요. 예를 하나 들어볼게요. 기상청에서 주간 예보를 발표했는데,

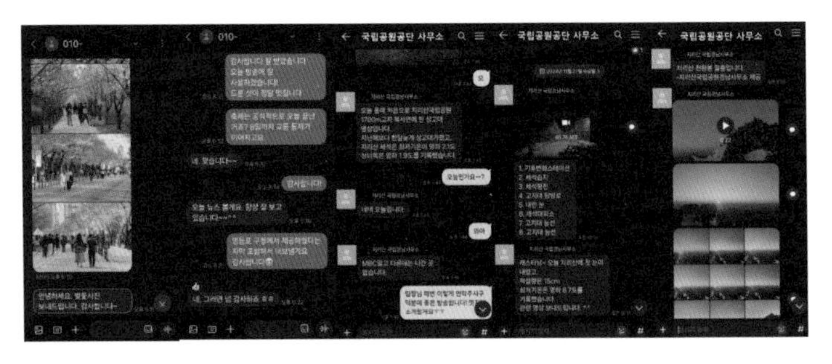

여러 취재원분들과 벚꽃이 피었다, 상고대가 피었다, 눈이 왔다는 등 다양한 곳의 기상 관련 정보와 사진을 주고받으며 소통하고 있어요.

일주일 내내 맑음이에요. 기온의 변화도 거의 없어요. 이런 경우는 일주일 내내 하늘이 맑다는 이야기만 할 수 없잖아요. 그럴 때 날씨를 예민하게 느끼고 작은 차이를 알아차리는 경험을 해보았거나, 같은 날씨라도 다양하게 표현하는 방법을 알면 큰 도움이 돼요. 또 스스로 날씨 표현을 개발할 수도 있잖아요. 자신만의 방식이지만 다른 사람들과 공감할 수 있는 표현을 만들어 내는 것도 기상캐스터가 할 수 있는 일이니까요.

바른 자세와 정확한 발음은 필수겠지요

편 방송 관련 직업에 종사하는 사람들은 대개 바른 자세로 정확한 발음을 구사하던데, 기상캐스터도 마찬가지겠지요?

최 네, 기상캐스터가 되려면 기본적으로 발성이 좋아야 하고 발음은 정확해야 해요. 또 자세가 흐트러지지 않고 바라야 하죠. 아나운서가 갖춰야 할 역량과 같다고 생각하면 될 거예요. 성인이 된 다음에 기상캐스터가 되기 위해 준비하는 과정에서 이런 역량을 갖출 기회가 충분히 있겠지만, 지금부터 평소에 바른 자세와 정확한 발음을 연습하는 것도 좋겠어요.

편 연습하는 방법이 있다면 소개해 주세요.

최 날씨 예보 대본이나 뉴스 대본을 읽고 녹음해 방송과 비교하며 들어보세요. 녹음된 자신의 목소리를 들으면 정확하게 읽었다고 생각했는데 발음이 뭉개진 것을 발견하는 등 자신의 발음에 어떤 문제가 있는지 빨리 알아차릴 수 있어요. 그리고 말의 고저, 띄어 읽기, 장음과 단음도 정확히 구분해서 발음할 수 있어야 하는데요. 녹음을 해보면 어떤 부분이 부족한지 알 수 있어요. 저도 그런 과정으로 발음 연습을 했답니다.

어떤 전공을 선택하면 유리할까요

편 기상캐스터가 되고 싶은 청소년이라면 대학에서 어떤 전공을 선택하면 도움이 될까요?

최 지금까지 기상캐스터의 전공은 채용에 영향을 미치지 않았어요. 제가 기상캐스터가 되었을 때도 전공은 상관이 없었어요. 채용 과정에서 기상에 관한 전문성을 검증하기보다는 외적 이미지와 전달력을 평가하는 데 집중하기 때문인데요. 은퇴한 저의 선배들과 동료들 중에 기상학 관련 전공자는 거의 없던 것 같아요. 앞으로 기상 관련 전공자를 선호하게 될 수 있지만, 요즘 채용되는 형태를 보면 바로 실전에 투입될 수 있는 경력자를 우대하는 경우가 많아요.

하지만 제가 이 일을 하면서 느끼는 점은 기상캐스터는 단순히 기상청에서 발표한 통보문을 외워서 예보하는 수동적인 전달자가 아니라는 거예요. 통보문을 분석하고 기상의 흐름을 읽을 수 있는 전문 지식을 갖추었을 때 훨씬 생동감 있고 실생활에 도움이 되는 예보를 할 수 있더라고요. 그래서 저는 지금도 기상에 관한 지식을 학습하는데요. 앞으로는 기상캐스터도 기상에 관한 전문 지식을 갖춘 사람을 채용해야 한다는 의견도 있어요. 그만큼 기상이 우리 생활에 미치는 영향력이 커지는 추세에 맞춰 기상캐스터도 전문성을 갖춰가야 할 것으로 보여요. 기후변화가 가속하면서 위험기상 상황이 많이 발생하고, 예측하기 어려운 기상 상황이 펼쳐지기도 해요. 청소년 여러분이 이 직업에 도전할 즈음에는 기상학이나 기상 관련 전공자가 유리할 수도 있어요. 그러니 기상과 관련한 지식을 폭넓게 쌓으면 도움이 될 것 같아요.

편 이 일과 관련한 자격증도 있나요?

최 기상학과 관련한 자격증으로는 기상기사, 기상감정기사, 기상예보기술사 자격증이 있어요. 기상기사 자격은 기상 및 천문 관측장비를 사용하여 정확하게 기상예보 업무를 수행할 수 있는 기상 관련 전문 기술 인력을 양성하기 위해 제정했고, 기상감정기사 자격은 날씨보험, 기상 관련 파생상품 거래에 대한 수요자의 요구에 따라 기상 현상을 과학적으로 규명할 수 있는 자격이에요. 기상예보기술사는 기상예보를 위한 계획, 연구, 설계 작업을 하고, 대기현상의 관측, 진단, 분석을 통해 예보하고, 예보 업무를 관리하는 직무를 수행할 수 있어요. 각각의 자격증을 취득하기 위해서는 관련학과 졸업자나 비관련 학과 전공자로 실무경력 4년 이상이거나 그에 준하는 응시 자격을 갖추어야 하는데요. 기상캐스터의 직무보다는 기상청이나 기상 관련 기업에 취직할 때 도움이 되는 자격증이에요. 그런데 요즘 기상캐스터 공채 공고문을 보면 우대사항에 관련 자격증이 있어요. 꼭 기상캐스터를 목표로 하지 않더라고 기상 관련 직종에 관심이 있다면 자격증을 취득하는 것도 전문성을 갖추는 한 방법이겠지요.

기상캐스터는 어떻게 채용되나요

편 기상캐스터는 어떻게 방송사에 채용되나요?

최 방송사에서 기상캐스터를 모집한다는 공고를 보고 응시해서 합격하면 되는데요. 방송사에서 결원이 생겼을 때 1~2명 정도 채용하는 방식이에요. 뽑는 인원은 적지만 일할 수 있는 곳이 적다는 것은 아니에요. 방송사는 중앙에도 있지만 지역마다 독립된 운영체계를 가지고 있어요. 저희 MBC만 해도 중앙이 있고, 부산 MBC, 광주 MBC, 강릉 MBC 등 각 도의 방송을 책임지는 지역방송국이 따로 있어요. 이건 다른 방송사도 마찬가지예요. 지방 방송국은 그 지방에 맞는 뉴스 프로그램을 운영하고 날씨도 그 지역을 중심으로 예보하기 때문에 지역방송 기상캐스터를 따로 채용해요. 그러니까 되고 싶은 마음이 있으면 지역에 상관없이 도전할 기회는 많아요. 저도 제주 KBS에서 처음 일을 시작해 MBC로 이직했듯이 어느 정도 경력이 쌓이면 원하는 곳으로 이직도 가능해요.

편 공채 준비는 어떻게 하면 될까요?

최 보통 1차는 서류전형이고 2차는 면접전형이에요. 기상캐스터의 서류전형은 입사지원서와 자기소개서 등 각종 서류를 제출하는 것은 다른 직업의 전형과 같지만, 무보정 프로필 사진과 방송사가 제시한 주제로 촬영한 무보정 동영상을 제출해야 한다는 것이 달라요. 동영상은 방송인이 갖춰야 할 바른 자세와 정확한 발음, 정보의 전달력 등을 보는 것 같아요. 1차에 합격하면 2차 전형을 보는데, 카메라 앞에서 뉴스 예보를 하는 실무면접을 보고 임원 면접을 거쳐 최종 결과가 나오죠. 대부분의 방송사가 기상캐스터를 뽑는 전형은 비슷한데, 지금까지는 제주의 한 방송국에서 거의 유일하게 필기시험을 보는 것으로 알고 있어요. 하지만 앞으로 다른 지역도 필기시험을 볼 가능성이 없지는 않아요. 기후변화의 정도가 심각해지면서 기상캐스터도 전문성이 요구되는 만큼 처음부터 기상에 관한 전문적인 지식이 있는 사람을 뽑을 수도 있다고 생각해요.

편 혼자서 준비하는 게 어려울 때는 사설 교육기관을 찾는 게 도움이 될 것 같아요. 어떤가요?

최 제가 준비할 때는 아나운서 아카데미를 다녔어요. 지금도 기상캐스터 지망생만을 위한 아카데미는 없는 것으로 알고 있어요. 아나운서나 기상캐스터 모두 자세 교정이나 발음, 발성 등 방송인으로서 갖춰야 할 기본은 같기 때문이에요. 그리고 공채 준비를 시작하면 기상캐스터 지망생들이 함께 스피치 연습도 하고 면접 준비도 하는 것 같아요.

편 신입보다는 경력이 있는 사람이 유리할 것 같은데, 경력은 어떻게 쌓아야 할까요?

최 경력직을 선호하는 것은 사실이에요. 요즘은 신입과 경력자 모두 지원할 수 있거나, 1년 이상 경력직만 지원할 수 있는 곳도 있어요. 기상캐스터를 채용하면 별도의 교육 없이 바로 실전에 투입하기 때문에 신입보다는 경력직을 선호하는 거예요. 기상캐스터 지망생에게는 진출의 기회가 적어 보이는 것은 사실이에요. 하지만 신입 시절이 없는 경력직이 어디 있겠어요. 신입인데도 경력직과 경쟁을 해야 하는 부담감이 있겠지만 경력직만큼 준비를 철저히 해야 한다는 의미로 받아들이면 될 것 같아요. 다만 신입으로 중앙 방송에 진출하는 경우는 매우 드문 사례로 1년 이상 지역 방송국에서 경력을 쌓는 방법을 추천해요. 저도 제주에서 경력을 쌓고 중앙으로 진출했듯이 다수의 기상캐스터가 지역 경력을 발판 삼아 원하는 곳으로 이직하지요. 물론 지역 방송국이 목표라면 그곳에서 기상 전문가로 활약할 수 있고요.

SUN
10°C
6°C
MON
11°C
4°C
TUE
12°C
3°C
WED
12°C
5°C
THU
10°C
4°C
FRI
12°C
5°C
SUT
13°C
4°C

기상캐스터의 세계

TEMP
45

WIND
12m/s

SUNRISE
5.48

업무가 익숙해질 때까지 시간이 얼마나 걸릴까요

편 기상캐스터로 채용되면 별도의 교육 과정 없이 바로 날씨 예보 방송을 하는 건가요?

최 제가 MBC에 입사했을 때는 2주 정도 교육 과정이 있었어요. 제주 KBS에서 일한 경력이 있었어도 새로 배울 점이 많았지요. 그런데 요즘은 1주일 정도 선배 기상캐스터를 따라다니며 실무를 익히는 정도인데요. 선배 앞에서 방송 시연을 하고 피드백을 받고 바로 실전이에요. 입사해서 일을 배우는 게 아니라 완성형 기상캐스터를 뽑는 거죠.

편 채용되기 전에 이 일을 할 수 있어야 하는 거네요. 이 일을 익히는 방법을 소개해 주세요.

최 처음에 저는 선배들이 하는 방송을 보고 똑같이 따라 하는 연습을 했어요. 원고를 똑같이 쓴 다음에 외우고, 몸짓과 시선도 따라 해 봤어요. 연습을 충분히 한 다음에는 기상청 통보문을 보고 원고를 작성해 선배의 원고와 비교했어요. 따라 할 때는 어렵지 않아 보였는데, 제가 원고를 작성하려니까 기상 용어, 날씨와 연관된 절기, 날씨를 표현하는 말, 이런 것들이 어렵더라고요. 사실 절기는 저를 포함해 요즘 젊은 사람들에게는 생소해요. 이 일을 하기 전에는 들어도 들리지 않는 단어였지요. 기상 용어도 워낙 많아서 공부도 많이 했어요. 단순히 외우는 것보다 무슨 뜻인지, 어떤 상황에 쓰는 말인지 알면 더 자연스럽게 나오니까 많이 연습했어요.

편 이 일이 익숙해질 때까지 얼마나 시간이 걸렸을까요?

최 1년 차, 2년 차까지는 방송을 매일 모니터하고, 했던 방송을 또 연습하고, 부족하거나 아쉬운 것이 있으면 연습일지를 썼어요. 이동 중간에도 날씨 멘트를 중얼거리고요. 그리고 다음 날 방송에 제가 부족하다고 느낀 부분이 보완됐는지 확인하고, 안 되면 될 때까지 했어요. 지나고 보니 3년 이상은 해야 편안하게 방송할 수 있는 것 같아요. 그리고 궁금한 게 많아서 공부도 하고, 자료도 많이 찾아봤어요. 태풍이 올 때는 제주도가 길목인데, 제가 제주 KBS와 연고가 있어서 태풍 길목에 취재 나간 기자에게 부탁해 휴대폰으로 동영상 자료를 부탁해서 보고, 또 태풍의 진로를 탐구하기도 했어요. 어느 때는 태풍을 지켜보느라 밤새 잠을 안 자고 자료를 봤어요. 다음 날 아침에 태풍이 상륙해서 소멸한다는 예보가 나왔는데, 진짜 소멸할까 궁금했거든요. 또 바람이 초속 얼마로 분다는데, 진짜 그만큼 바람이 부는 걸까 궁금해서 기상청 홈페이지에 접속해서 초속 몇 미터로 부는지 확인하고, 현장에 있는 지인들에게 연락해서 실황 자료도 보고 그랬지요.

편 방송 준비를 위한 것도 아닌데 힘들지는 않으셨어요?

최 솔직히 너무 재미있었어요. 밤새 태풍이 지나가는 경로를 보느라 시간 가는 줄 몰랐어요. 그런 날은 밤새 방송 특보도 해요. 제가 하는 건 아니지만 어떻게 방송하나, 특보가 어떻게 변화하나 지켜보는 것도 재미있었고요.

편 그런 경험이 현재 방송에 내보낼 아이디어를 내는 데 큰 도움이 되었을 것 같아요.

최 그렇죠. 통보문을 보고 가공하는 일이 익숙해지자 어떤 화면을 구성할까, 어떤 취재를 해볼까, 이런 아이디어가 생기더라고요.

날씨 예보는 생방송으로 진행하나요

편 날씨 예보는 생방송으로 진행하나요?

최 그날 날씨의 상황에 따라 생방송으로 진행할 때도 있고 미리 녹화한 후 방송에 내보낼 때도 있어요. 날씨가 시시각각 변화하는 상황이라면 생방송을 준비하고, 그렇지 않으면 뉴스 방송 시간 직전에 녹화한 영상을 방송에 내보내요. 생방송보다는 녹화방송의 비율이 높은 편으로, 녹화방송일 때는 작은 실수를 해도 교정할 시간이 있어서 마음은 조금 편한 면이 있어요. 반면에 생방송일 때는 조금 긴장이 돼요. 그런 날은 날씨가 급변하는 날이라 기상청에서도 1시간이나 30분 간격으로 새로운 통보문을 발표하고, 또 갑자기 주의보나 경보가 발령되는 상황으로 악화하기도 해요. 그래서 준비하는 과정이 너무 바빠요. 통보문 확인하고, 왜 이런 기상이 발생하는지 이유도 알아야 하고, 시청자에게 꼭 전달해야 할 중요한 정보가 무엇인지 판단해야 하고, 변하는 상황에 따라 원고를 수정해야 하지요.

편 날씨 예보를 생방송으로 진행할 때는 그만한 이유가 있는 거네요.

최 생방송으로 예보하는 날은 정신을 똑바로 차려야 해요. 아무리 기상 상황이 좋지 않고, 시청자에게 알려야 할 정보가 많아도 대체로 정해진 시간 내에 예보를 마무리해야 하거든요. 그러면 그 많은 정보 중에 어떤 것을 선택할 것인지 판단해야 해요. 저는 이게 조금 어렵더라고요. 저한테 주어진 시간이 많으면 차분하게 설명할 수 있겠죠. 그런데 짧은 시간에 중요한 정보만 압축적으로, 또 시청자가 이해할 수 있도록 전달하는 게 쉽지는 않아요. 이렇게 정신없이 바쁘게 준비하고 생방송을 하게 되면 어쩔 수 없이 긴장하게 돼요. 하지만 시청자에게 긴장한 모습을 보일 수는 없으니까 조금 여유 있는 모습으로 보일 수 있도록 마음을 다잡아야 하죠.

기상캐스터는 모두 프리랜서인가요

편 기상캐스터는 프리랜서라고 하셨어요.

최 모든 기상캐스터의 고용 체계는 프리랜서예요. 짧게는 1년 계약을 하고 그다음부터는 연장 계약을 하는 형식이지요. 방송국에는 여러 뉴스 프로그램이 있는데, 기상캐스터는 프로그램으로 계약하는 거예요. MBC의 예를 들면 평일의 경우 오전과 오후 뉴스 프로그램을 담당하는 기상캐스터가 있고, 주말 뉴스에서 날씨를 예보하는 기상캐스터가 따로 있어요.

편 그러면 수입은 어떻게 책정되나요?

최 프리랜서 아나운서의 경우를 떠올리면 쉽게 이해할 수 있을 거예요. 프리랜서 아나운서가 되면 맡은 프로그램에 따라 출연료를 받아요. 그와 마찬가지로 기상캐스터도 뉴스 프로그램에 따라 수입이 차이가 나지요. 뉴스에 따라 출연료도 다른데요. 방송사에서 가장 중요하게 여기는 메인 뉴스 프로그램을 맡았을 때 가장 수입이 높아요. 신입 기상캐스터는 맡은 뉴스가 적은 편이라 한 달 수입이 100만 원 정도일 때도 있고, 프로그램 개편으로 담당하는 뉴스 프로그램이 없어졌다면 당분간은 수입이 없을 수도 있어요. 그래서 기상캐스터의 연봉은

대략 2천만 원에서 5천만 원 정도로 편차가 큰 편이에요.

편 수입이 불안정하다는 것이 이 직업의 단점이긴 한데, 한편으로 프리랜서여서 가지는 장점도 있을 것 같아요.

최 그렇죠. 프리랜서의 장점은 여러 가지 일을 할 수 있다는 거예요. 계약을 맺은 뉴스 프로그램만 책임지고 진행하면 나머지 시간에 자신이 원하는 일을 할 수 있어요. 실제로 마이크를 잡고 말하는 것 자체를 즐기는 사람 중에는 기업이나 기관에서 여는 행사의 MC로 활약하는 경우가 많아요. MC로 재능을 발휘하면 사내 방송의 진행자로 나설 수 있는 기회도 있지요. 또 화제성을 몰고 다니는 기상캐스터는 예능 프로그램에 출연해 특유의 재능을 발휘할 수도 있고요. 그래서 기상캐스터의 수입보다 다른 활동을 통해 얻는 부수입이 더 큰 사람도 있어요.

편 다른 활동을 하신 적도 있으세요?

최 저도 기상캐스터로 연차가 낮을 때는 외부 행사에서 진행을 맡는 등 다른 활동을 한 적이 있어요. 그런데 그런 일이 저와는 잘 맞지 않더라고요. 다방면에 나서서 저를 드러내는 일보다는 한 가지를 깊게 파고드는 것에 보람을 느끼는 타입이라 지금은 외부 활동은 줄이고 기상캐스터 본연의 업무에 충실하고 있어요. 무엇보다 7년째 메인 뉴스를 담당하고 있기 때문에 체력적으로나 심적으로 다른 방송 활동과 병행하는 것이 참 부담이 되더라고요. 여력이 된다면 유튜브를 했을 거 같아요. 취재는 했지만, 시간 관계상 방송에 담지 못한 무수히 많은 내용들이 아까울 때가 있거든요

이 일을 잘하기 위해 평소에 노력하는 게 있나요

편 이 일을 잘하기 위해 노력하는 것이 있나요?

최 기상학 공부를 틈틈이 하고 있어요. 기상청에서는 예보 통보문만 발표하는 게 아니라 날씨에 관한 여러 가지 자료를 공개해요. 새로운 자료가 공개되면 저는 바로바로 습득하려고 해요. 기상 용어가 사실 어려워요. 그리고 요즘엔 날씨를 표현하는 게 점점 어려워지고 있어요. 예전에 보지 못한 기상 상황도 많이 발생하고, 위험기상도 많다 보니 그에 관한 지식을 가지고 있어야 해요. 저는 기상청 관계자와 소통을 많이 하는 편인데, 그분들과 소통하려면 저도 어느 정도의 지식이 있어야 해요. 기상 용어와 기상 현상에 관해 아무것도 모르면 그분들과 소통이 불가능해요. 제가 이해한 만큼 시청자에게 날씨를 전해드릴 수 있는 거니까 기상 공부를 하는 건 당연하다고 생각해요.

편 날씨 예보가 맞는지 평소에 확인도 하시나요?

최 저는 아침에 일어나면 바깥에 나가요. 산책이 목적이라기보다는 어제 예보가 맞았는지 궁금해서 확인하고 싶은 마음이 큰 거죠. 걸으면서 '오늘 하늘이 맑다고 했는데 깨끗하지는 않네', '안개가 꼈었나? 시정거리가 좋지 않은데, 미세먼지 예보는 없었는데 밤새 예보가 바뀐 것인가, 오늘은 기온이 오른다고 했는데 실제 체감할 정도로 포근함이 느껴질까?', 이렇게 어제 제가 예보한 날씨가 맞았는지, 변화가 있다면 어떤 이유에서 그런지 생각하는 시간을 가져요. 예보는 전날 다음 날의 날씨를 예측하는 것이라 저한테는 다음 날까지 일이 이어진다는 느낌이 들어요. 그리고 오전에 운동을 하면서 다른 방송사의 날씨 예보를 찾아봐요. 다른 기상캐스터는 어떻게 방송했는지 모니터하는 거예요. 출근 전에 틈틈이 날씨 예보할 때 자주 활용하는 장소의 CCTV 영상을 실시간으로 찾아보는 것도 잊지 않아요. 특히나 기상의 변화가 심한 날은 거의 실시간으로 여러 장소의 날씨를 살피는 편이에요. 퇴근 후에는 기상에 관한 공부도 하고 있어요. 기상 용어가 어려운 게 많아요. 평소에는 쓸 일이 없는 전문적인 단어라 뜻도 어렵고 기상 현상을 알아야 이해할 수 있어서 기상청에서 보내는 자료에 새로운 기상 용어가 쓰여있으면 바로바로 습득하려고 해요.

일하면서 느끼는 어려움은 무엇인가요

편 이 일을 하면서 어렵다고 느끼는 것은 무엇인가요?

최 매일 방송 대본을 다르게 써야 하는 것, 매일 다른 화면을 구성하는 것이 어려워요. 비슷한 날씨가 지속될 때 매일 똑같은 말을 할 수는 없잖아요. 그럴 때 어제와 다른 무엇인가를 찾아서 변화를 주어야 하니까 그게 어렵게 느껴질 때가 있어요. 1분 20초 동안 단편 영상을 매일 찍는 느낌이랄까요? 그래서 늘 새로운 아이템을 생각해야 내야 한다는 부담감이 있지요.

그리고 업무에 익숙해지면 반복적인 일이 많아요. 날씨 예보 방송은 일정한 패턴이 있어요. 예보의 시작은 기상캐스터에 따라 다르게 할 수 있지만 마지막엔 전국의 날씨를 전하는 것으로 끝맺어요. 이런 순서는 변하지 않는 것이라 그에 맞춰 준비하면 되고, 기상청에서 발표하는 통보문을 그대로 방송해도 문제 될 게 없어요. 이렇게 반복되는 일이라고 생각하면 지루함을 느끼기도 하지요.

편 일기예보에도 댓글이 달릴 텐데, 시청자들의 불만도 많이 올라오나요?

최 댓글이 많이 달리죠. 저도 댓글 모니터링을 많이 해요. 날씨 예보할 때 평년 기온과 현재 기온을 비교하고, 24절기 중 하나에 해당한 날에는 절기를 소개하는 예보를 자주 보셨을 거예요. 그런데 요즘엔 평년 기온과 크게 차이가 벌어지는 날씨가 지속된다거나, 절기와 맞지 않는 날씨가 꽤 있어요. 그러면 댓글에 부정적인 내용이 꽤 올라오죠. 또한 특정 지역을 언급하는 것에 불편함을 느끼는 분들도 있어요. 예를 들어 가장 추운 지역, 가장 더운 지역 등 대표가 되는 지점을 기상캐스터가 골라 방송하는 것인데, 왜 그 지역만 방송에서 말하냐, 서울 방송이냐 등등이요. 그래서 전국의 날씨를 포괄적으로 잘 전달하는 것도 중요해요.

편 최근 몇 년 사이에 24절기가 맞지 않는 때가 많은 것 같아요. 그래도 날씨 예보에서는 절기는 빠지지 않는 내용이에요.

최 예로부터 우리나라는 24절기로 계절을 구분했어요. 중국력인 태음력이 우리나라 기후와 딱 맞지 않기 때문에 1년 중 밤의 길이가 가장 긴 동지를 기점으로 1년의 시간적 길이를 24등분한 거예요. 농경사회는 기후의 변화를 읽는 게 중요하잖아요. 그래서 절기의 내용을 보면 봄 농사를 준비하는 청명, 본격적인 농사의 시작을 알리는 소만, 씨 뿌리기의 시작인 망종, 이렇게 농사지을 시기를 특정한 내용도 있어요. 요즘엔 농촌보다는 인구가 밀집한 도시의 날씨를 중심으로 예보하는데도 절기는 아직 기후변화의 기점으로 쓰이고 있어요. 날씨의 변화를 읽는 상징적인 의미가 남아 있는 거죠. 그런데 최근 몇 년 사이에 예전에 경험하지 못했던 기후변화가 일어나니까 절기와 날씨가 잘 맞지 않는 경우가 많아졌어요. 만약 기후변화가 더 심각하게 일어난다면 절기를 사용하지 못할 수도 있을 것 같은데, 아직 기상청의 통보문에도 절기의 변화를 반영하기 때문에 따르고 있어요.

직업적인 습관이나 질병이 있을까요

편 이 일을 하면서 생긴 습관이 있나요?

최 하늘을 보는 것을 좋아하게 되었어요. 바깥에 나오면 제일 먼저 하늘부터 봐요. 어제 예보한 대로의 하늘인지, 어떤 변화가 있는지 봐야겠다고 의식하고 하는 행동은 아니에요. 그냥 무심코 하루에도 몇 번씩 하늘을 보게 돼요. 날씨의 소중함도 남들보다 많이 느끼는 것 같아요. 며칠 동안 위험기상이다가 잠잠해진 날은 저도 모르게 감사한 마음이 들어요. 날씨가 위안을 준다는 말이 뭔지 저는 알겠더라고요.

그리고 날씨의 흐름을 잘 알기 때문에 위험기상이 예상되면 가족과 지인들에게 잔소리를 좀 많이 하는 것 같아요. 부모님이 제주도에 사시는데, 밑에서 태풍이 올라오고 있다는 예보가 있으면 바닷가에 가지 말라고 전화해요. 또 눈이 온다는 예보, 안개가 많이 낄 것 같다거나 도로에 블랙아이스가 생길 것 같다는 예보가 있으면 주변 사람들에게도 운전하지 말라고 당부하지요. 이렇게 날씨와 관련해서 사건 사고가 생길 것 같으면 주변에 더 많이 알리는데, 이런 게 직업적인 습관인 것 같네요.

편 날씨의 변화를 잘 알고 있어서 다른 사람이 보지 못하는 것도 볼 수 있을 것 같아요.

최 날씨가 쌀쌀해지면 거리에서 붕어빵이나 호떡을 파는 노점이 있는데요. 어떤 날은 한겨울인데도 춥지 않아서 손님이 별로 없는 거예요. 그런 모습을 보면 좀 안타까운 마음이 들어요. 그러면 속으로 '이번 주만 견디세요, 다음 주에는 추워지니까 손님이 많을 거예요'하고 그분들을 응원해요. 가을에서 겨울로 변하는 시기에 옷 가게를 지나다 겨울 옷으로 다 바뀌어 있으면 '아직 아닌데, 몇 주는 더 있어야 추워져서 잘 팔릴 텐데'하고 생각하고, 또 어떤 날은 친구가 "가을옷 사야 하는 거 아냐?"고 물으면 "아냐, 다음 주에는 패딩이 필요한 날씨야"하고 말해주기도 해요.

사실 날씨는 이렇게 우리 삶과 밀접한 관계가 있어요. 그래서 날씨를 읽으면 일상에서 편한 점도 있지요. 장마철에 잠깐 소강상태가 예상되면 '지금이 기회다'하고 놀러 가기도 해요. 날씨는 일주일 단위로 예측할 수 있어서 저는 날씨에 맞게 일주일 생활 계획을 세워요.

어떤 스트레스가 있고,
해소하는 방법은 무엇인가요

편 일을 하면서 받는 스트레스가 있다면 무엇인가요?

최 저는 스트레스가 많은 편은 아니에요. 흥이 많고 긍정적인 성격이라 그런 것 같아요. 그래도 스트레스라고 할만한 것들은 있지요. 방송 일의 특성상 늘 시간에 쫓기는 압박감이 있어요. 매일 기상청에 전화해서 취재하고, 화면을 구성하는 영상을 찾고, CG를 의뢰하고, 대본도 수정하는 일을 반복하지만, 그게 단순한 반복이 아니에요. 매일 새로운 것을 찾아야 하는 거예요. 그런데 준비할 시간은 정해져 있는 거죠. 기상 변화가 적은 날은 그런대로 조금 여유가 있지만 변화가 심한 날은 통보문을 받고 5분 안에 CG와 대본을 수정해야 해요. 그런 때는 정말 압박감이 있죠. 또 한 가지 덧붙이자면 일이 끝이 없다는 것도 스트레스의 한 요인으로 작용해요. 기상의 변화를 나타내는 자료는 그 양이 엄청나게 많아요. 위성 사진, 레이더 영상, 각종 데이터, CCTV 영상 등 보도 자료로 활용할 수 있는 자료가 많다는 것은 장점이면서도 한정된 시간 안에 선택적으로 사용해야 하는 저한테는 단점이에요. 그래서 가끔은 '내가 놓친 자료는 없나?'하는 무거운 마음이 들 때도 있어요.

편 스트레스를 받을 때 어떻게 해소하시나요?

최 이건 저만의 방법인데요. 날씨 정보를 활용해서 기분 전환할 수 있는 장소를 찾아가요. 더운 날이 지속되고 있는 시기일 때 저는 어느 지역이 가장 시원한지 알 수 있으니까 눈여겨 봐두었다가 주말에 그곳으로 피서를 떠나요. 한여름에 대부분 지역에 폭염 특보가 내렸는데 유일하게 태백만 특보가 없었어요. 그러면 주말에 도심의 무더위를 피해 태백으로 여행 가는 거예요. 일에서 스트레스를 받는데, 거꾸로 일을 통해 얻는 정보로 스트레스를 푸는 방법을 찾는 거지요.

일상적으로는 음악 듣고 운동하면 일에서 오는 긴장감이 덜어지는 것 같아요. 운동은 주로 헬스장에서 하는데, 이때 몸은 운동하면서 눈은 타 방송사 날씨 예보를 보거나 CCTV 영상을 볼 때가 많아요. 그런데 그게 스트레스는 아니에요. 그냥 할 일을 한다는 생각이에요.

그리고 요즘 그림을 배우려고 마음먹고 있어요. 순수하게 취미는 아니고 일할 때 그림 솜씨가 좀 필요하더라고요. 제가 예보를 준비하면서 CG 의뢰를 하는데, 글로 써서는 제 의도가 정확하게 전달되지 않아서 가끔 연필로 그림을 그려서 보내요. 그런데 담당하는 분이 제가 그린 것을 잘 못 알아보겠다고 하세요. 그런 일로 스트레스를 받지는 않지만 그림을 좀 잘 그리고 싶다는 생각이 들어서 배워볼까 생각 중이에요. 자꾸 일과 취미가 연결되는 것 같은데, 제가 기상캐스터가 되고 나서는 날씨를 통해 세상을 바라보더라고요. 덕업일치(德業一致)라고 할까요, 일과 삶이 하나가 되는 느낌인데요. 어떤 사람에게는 일과 삶이 밀착되는 게 싫을 수도 있겠지만, 저한테는 오히려 삶이 풍요로워지는 계기가 된 것 같아요.

편 어떤 때 일을 통해 삶이 풍요로워지셨다고 느끼세요?

최 어떤 날은 출근해서 보니 회사 앞에 쌍무지개가 뜬 거예요. 기분이 너무 좋고, 좋은 일이 생길 것 같고, 그래서 사진 촬영을 하고 그 사진을 방송에 사용했어요. 이런 소소한 경험이 재미있어요. 또 어떤 날은 시를 읽고 싶은 날씨인 것 같아요. 그래서 시도 읽어보고 그 느낌을 시청자에게 전달하기도 하고요. 이렇게 일이 작은 일상에 활기를 불어넣고, 또 일상에서 느끼는 감각을 일에 적용하는 상호작용이 있어요.

언제 보람을 느끼세요

편 이 일을 하면서 보람을 느끼는 순간은 언제인가요?

최 저는 날씨로 사람들과 소통하는 데서 보람을 느껴요. 날씨로 인해 위험한 상황이 발생할 수 있다고 보도했는데, 제 방송을 보고 대비를 했다는 댓글이 올라오면 기분이 좋아요. 제가 나오는 날씨 영상을 보고 메시지를 보내시는 시청자도 많은데요. 3살 아기의 영상을 받은 적이 있어요. 유튜브 활동을 하는 아버지가 보내주신 영상으로 아기가 제가 나오는 예보를 보면서 저랑 똑같이 "안녕하세요!"하고 인사하더라고요. 또 90세 할아버지의 사진이 올라온 적도 있어요. 백발이 성성한 할아버지의 사진인데, 치매에 걸리셨어도 제 방송을 꾸준히 챙겨 보신다고 손자가 보내주셨지요. 그 사진을 보는데, 마음이 찡하면서 고마웠어요. 이게 시청자와 소통하는 즐거움 중 하나더라고요. 또 이렇게 다양한 연령층의 시청자와 만나고 있다는 것을 체감할 수 있었어요. 제가 카메라 렌즈를 보고 방송을 하지만 시청자의 눈을 마주하는 느낌으로 생동감 있게 날씨를 전달해야겠다는 마음을 다지게 되었죠.

편 댓글에는 좋은 이야기만 있을 것 같진 않은데, 좋지 않은 댓글에 상처받지는 않으세요?

최 비가 온다고 예보했는데, '비가 안 오잖아!'하는 댓글이 많이 달리죠. 또 제가 보도한 내용 중에 어떤 단어에 민감하게 반응하는 분들도 있어요. 그럴 때는 상처를 받기보다는 교훈으로 삼고 더 잘해야겠다고 마음을 다잡아요. 그리고 서울, 경기의 날씨와 다른 지역의 날씨가 다를 때 서울 경기를 중심으로 보도하면 왜 수도권만 크게 다루느냐고 비판하는 분들도 있어요. 그런데 짧은 시간에 모든 시청자의 요구에 맞추기는 좀 어려운 점이 있어요. 어쩔 수 없는 부분이지요.

한 번은 크게 곤혹을 치른 적이 있어요. 늘상 하던 대로 일을 한 건데, 미세먼지 1이 특정 정당을 연상케 한다며, 선거운동성 방송이라고 해서 기후환경팀에서 직접 해명 보도도 냈었어요. 이후에도 국민신문고로 민원이 들어와 제가 직접 작성한 원고를 제출하면서 수사 협조를 한 적도 있어요. 당시 거의 주요 모든 언론사에 제 방송이 보도되어서 주변 분들이 걱정을 많이 해주셨죠. 실제로 기상캐스터는 선거철이 되면 의상 색깔도 굉장히 조심하거든요. 날씨와 정치를 연관 지을 것이라곤 상상도 못했던 경험입니다.

편 가장 어려울 때는 언제인가요?

최 아무래도 예보가 빗나갔을 때 부정적인 댓글이 많이 달리지요. 요즘엔 비가 올 것 같기는 한데 언제 어디에 비가 오겠다고 정확하게 예보할 수 없을 때가 있어요. 그래서 언제든 비가 올 수 있으니, 우산을 챙겨 다니는 게 좋겠다고 방송하면 시청자의 반응이 여러 가지로 나타나요. 어떤 분들은 제 방송을 보고 진짜 작은 우산을 챙겨서 비를 피할 수 있었다고 하고, 어떤 분들은 그런 방송은 나도 할 수 있겠다고도 하지요. 기후변화가 심해서 정말 언제든 비가 올 수도 있어서 그렇게 방송한 건데 시청자의 경험에 따라 반응은 제각각인 것 같아요. 그래도 긍정적인 댓글을 보면서 힘을 내고 있어요.

제보 영상이나 사진은 어떻게 구하나요

편 날씨 예보에 시청자가 제보한 영상이나 사진도 있던데, 이런 제보는 어떻게 받으시나요?

최 계절별로 눈여겨보는 기상 현상이 있어요. 봄에는 개화 시기가 단연 화두인데요. 봄에는 동백꽃, 매화, 벚꽃 등 봄을 알리는 꽃들의 개화 시기를 시청자가 궁금해하시기 때문에 제일 먼저 봄이 오는 제주도기상청에 문의해요. 기상청은 특정한 장소의 나무를 관측목으로 지정하고 그 나무에 꽃이 필 때를 개화 시기로 발표해요. 그런데 관측목에는 꽃이 피지 않았더라도 다른 장소에서는 꽃이 핀 경우 있잖아요. 그럴 때 저는 SNS 검색으로 꽃이 핀 사진이 올라온 게 없나 찾아보고, 있으면 계정자에게 메시지를 보내서 날씨 예보에 사용할 수 있는지 문의해서 사진을 받아 예보에 활용해요. 또 제주도는 마을마다 청년회가 잘 조직되어 있어요. 벚꽃길로 유명한 제주도의 해안도로가 몇 군데 있는데, 그 마을의 청년회에 연락해서 축제 홍보도 해드릴 테니 사진을 보내달라고 제안하기도 해요. 그러면 대부분은 다 잘 협조해 주세요. 또 이렇게 한 번 관계를 맺으면 다음부터는 수월하게 소통하지요.

예정된 날에 벚꽃이 피지 않아 축제가 연기되었던 2024년 봄. 며칠 후 벚꽃이 피자 벚꽃축제 주최측과 연락해 상황을 파악한 후 내보낸 방송. (2024년 4월 2일 뉴스데스크)

편 벚꽃은 제주도를 시작으로 남쪽에서 북쪽으로 올라오잖아요. 개화 시기도 다 다르고요. 그럴 때도 이렇게 시청자 제보를 받으시는 거예요?

최 벚꽃 피는 가장 아름다운 기간은 약 2주 정도예요. 그래서 거의 매일 어디에 벚꽃이 피었다는 정보를 시청자에게 전달하는데요. 제주도를 지나면 진해의 소식을 전해요. 진해는 군항제로 유명한데, 이때는 축제준비위원회 사무처장님과 자주 소통해요. 몇 년째 친분이 쌓여서 이제는 제가 먼저 연락하지 않아도 카톡으로 정보를 제공해 주세요. 그리고 군항제를 하는 곳은 워낙 유명하고 예쁘지만 여러 날 같은 장소의 사진만 내보낼 수는 없잖아요. 그럴 때는 진해 사람들은 알지만 외지인은 잘 모르는 벚꽃 스팟에 관한 정보를 주세요. 그러면 그곳 날씨도 소개해 드리니까 매우 흡족해하세요. 이렇게 저만의 정보원(?)이라고 할 수 있는 분들이 있어요. (웃음)

편 제보자들과 소통하는 노하우는 어떻게 익히신 건가요?

최 제가 MBC에 입사했을 때 기상전문기자 선배님이 지방자치단체 관계자들과 친분을 쌓으라고 말씀하셨어요. 그래야 날씨와 관련한 정보를 많이 얻을 수 있다고요. 몇 군데 전화번호를 알려주시면서 전화해 보라고 하셨죠. 그래서 전혀 모르는 사람들에게 무작정 전화해서 제 소개를 한 다음에 요즘 날씨는 어떤지 그곳의 기상 정보를 알려달라고 했는데, 그분들 반응이 시원치 않았어요. '왜 그런 걸 알려줘야 하는데?', 이런 느낌이었지요. 사실 그분들이 저한테 날씨 정보를 알려줄 의무가 없었던 거죠. 또 저도 그런 소통은 처음이라 사무적으로 대한 것도 있었고요. 시간이 지나면서 저의 방송에도 도움이 되고 그분들에게도 도움이 되어야겠다고 마음먹고 "제가 방송에 보도해 드릴게요"하고 적극적으로 설득했지요. 그리고 실제로 영상이나 사진을 받으면 방송에 내보냈어요. 그랬더니 다음 날 전화가 와서 위에 보고했더니 칭찬을 받았다고 좋아하시더라고요. 이렇게 신뢰가 쌓이니까 이제는 날씨와 관련한 사진이나 영상을 먼저 보내주시기도 해요.

편 날씨와 관련한 제보를 다양하게 해주시네요.

최 2024년은 기후변화를 체감할 수 있는 일들이 많이 일어났는데요. 5월 16일 아침에 녹음이 짙은 지리산에 눈이 내렸다는 제보를 받았어요. 사진을 보니 정말 푸른 나무와 풀들 위에 하얀 눈이 소복이 쌓여있는 거예요. 이런 일은 처음이라 그분에게 다른 곳에 사진을 배포하지 말고, 저한테 단독으로 달라고 부탁드렸더니 흔쾌히 들어주셨어요.

기후변화는 어떻게 일어나고 있나요

편 한동안 이상기후라는 용어가 많이 사용되다가 언제부터인가 기후변화나 기후위기라는 용어가 사용되고 있어요. 이 둘의 차이는 무엇인가요?

최 네. 이상기후, 기후변화, 기후위기 등 여러 단어가 있는데요. 먼저 이상기후를 말씀드리면, 기상청에서는 10년마다 한 번씩 30년 동안의 기후 평균값을 발표합니다. 지금의 평년값은 1991~2020년이에요. 그 다음의 평년값은 2030년에 발표가 되고, 그때는 2000~2030년의 통계가 이상 기후의 근거가 됩니다. 그러니까 2030년까지는 1991~2020년의 평년값을 자료로 사용하죠. 다음의 표를 보면 서울의 4월, 봄철의 하루 평균 기온부터 강수량, 습도까지 자세하게 나와 있어요. 이를 기준으로 해서 4월 서울의 평균 기온은 12.6도예요. 그런데 4월에 서울이 25도 이상이 되면 '고온 현상' 이라는 용어를 사용하기도 하죠.

평년은 지난 30년간의 기후의 평균적인 상태를 이르는 말인데요. 예보할 때 평년에 비해 몇 도가 높다, 낮다, 더 춥다, 더 덥다는 표현을 많이 사용하지요. 그런데 근래 평년과 비교할 수 없을 정도로 기후가 변하는 현상이 나타나자 '이상기후, 기

이상기후, 기상이변

▶평년 | 평 년 (1991 - 2020) | 일값 | 108 서울 | [모든 요소] | 4월

[일평년값] (108 서울 / 4월)

요소	평균기온 ℃	최고기온 ℃	최저기온 ℃	한파기준 ℃	강수량 mm	증발량 mm	풍속 m/s	습도 %	증기압 hPa	일조합 hr	전운량 1/10	현지기압 hPa	해면기압 hPa
1일	9.3	14.4	4.9		2.0	3.5	2.7	53.4	6.2	6.8	4.2	1006.9	1017.4
2일	9.6	14.8	5.1		1.9	3.7	2.7	52.3	6.2	7.1	3.9	1007.0	1017.4
3일	10.0	15.3	5.4		2.1	3.8	2.7	52.3	6.3	7.3	3.8	1006.9	1017.3
4일	10.2	15.4	5.6		2.2	3.8	2.7	53.4	6.5	6.9	4.1	1006.5	1017.0
5일	10.4	15.7	5.9		1.8	3.8	2.6	53.8	6.7	6.9	4.2	1006.3	1016.7
6일	10.7	16.1	6.2		1.5	3.9	2.7	53.7	6.8	7.0	4.3	1006.1	1016.5
7일	10.9	16.3	6.5		2.0	3.9	2.7	54.4	7.0	6.7	4.6	1005.9	1016.3
8일	11.1	16.5	6.7		2.2	3.9	2.7	55.0	7.2	6.4	4.9	1005.7	1016.1
9일	11.4	16.9	6.9		1.8	4.2	2.8	54.5	7.3	7.0	4.6	1005.7	1016.0
10일	11.6	17.0	7.1		2.4	4.3	2.8	54.0	7.3	6.7	4.7	1005.4	1015.7
11일	11.7	17.0	7.3		2.6	4.3	2.9	54.5	7.4	6.6	4.9	1004.9	1015.2
12일	11.8	17.0	7.4		2.2	4.4	2.9	54.5	7.4	6.8	4.7	1004.5	1014.8
13일	11.9	17.3	7.4		1.6	4.5	2.8	54.1	7.4	7.0	4.4	1004.3	1014.6
14일	12.1	17.5	7.6		1.7	4.4	2.8	54.2	7.5	6.9	4.4	1004.1	1014.4
15일	12.4	17.9	7.7		1.4	4.4	2.7	54.1	7.6	7.2	4.2	1004.1	1014.4
16일	12.8	18.3	8.0		1.8	4.4	2.6	54.1	7.8	7.1	4.1	1004.0	1014.3
17일	13.2	18.8	8.3		2.1	4.3	2.6	54.6	8.1	6.8	4.3	1003.9	1014.2
18일	13.5	19.0	8.7		2.6	4.3	2.6	55.0	8.3	6.6	4.5	1003.8	1014.1
19일	13.8	19.2	9.0		3.0	4.3	2.7	55.4	8.5	6.4	4.8	1003.7	1014.0
20일	13.9	19.2	9.3		3.3	4.2	2.7	56.4	8.7	6.2	4.9	1003.6	1013.9
21일	13.9	19.1	9.4		3.4	4.1	2.8	56.6	8.8	6.3	4.9	1003.6	1013.9
22일	13.9	19.1	9.5		3.1	4.2	2.8	56.3	8.8	6.7	4.6	1003.6	1013.8
23일	13.9	19.2	9.4		3.0	4.3	2.8	55.6	8.7	7.0	4.5	1003.5	1013.7
24일	13.9	19.1	9.2		2.8	4.3	2.8	55.0	8.5	7.2	4.3	1003.6	1013.9
25일	13.9	19.2	9.1		2.3	4.5	2.8	54.2	8.4	7.5	4.2	1003.7	1014.0
26일	14.1	19.5	9.3		2.0	4.6	2.7	54.2	8.4	7.6	4.2	1003.7	1014.0
27일	14.4	19.7	9.6		2.9	4.6	2.7	55.4	8.8	7.2	4.6	1003.4	1013.6
28일	15.0	20.2	10.1		3.2	4.6	2.6	57.0	9.4	6.9	4.8	1002.8	1013.1
29일	15.6	20.8	10.8		2.7	4.7	2.6	57.9	10.1	6.8	4.9	1002.4	1012.6
30일	16.2	21.5	11.4		3.2	4.7	2.6	58.3	10.6	6.8	5.0	1002.2	1012.3
평균	12.6	17.9	8.0		2.4	4.2	2.7	54.8	7.9	6.9	4.5	1004.5	1014.8

서울의 4월 기온 평년값. 출처 : 기상청

상이변'이라고 표현했던 거예요. 예상하지 못한 일이 벌어지면 이변이 일어났다고 하듯이 기상도 이변이 일어났다고 봤던 거죠.

2019년도 기사까지만 해도 기후변화로 인해서 극단적인 날씨가 나타날 수 있는 확률이 높아졌다는 식으로 표현했어요. 그런데 기후 전문가들이 20년 동안 기후 과학을 연구했는데 이런 날씨는 처음이지만 이게 가끔 한 번씩 일어나는 이변이 아니라 변화가 지속되고 있는 현상이라는 것을 인정했어요. 그 후로는 기상이변이 아니라 기후변화라는 용어를 사용하게 되었지요. 그리고 일부 국가들은 지구가 직면한 위협의 심각성을 비추어볼 때 '기후변화'라는 단어로는 부족하며 '기후위기'라는 용어를 사용함으로써 온실가스 배출 감축 및 기후변화 영향 저감 등 행동 변화를 유도하기 시작했습니다.

편 기후변화를 실감할 수 있는 증거 자료가 있나요?

최 기상청에서 2021년 4월 정책브리핑을 통해 기후변화가 우리나라 사계절과 24절기를 어떻게 바꾸어놓았는지 발표한 자료가 있어요. 1904년 인천, 부산, 목포에서 시작된 근대 기상관측 개시 이래로 축적된 자료를 토대로 1910년부터 2020년까지 100년이 넘는 기간에 기온과 강수량의 변화 추이를 설명

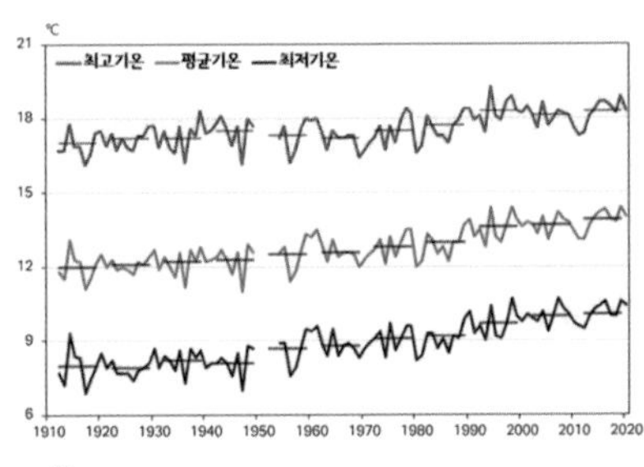

109년 우리나라 기온 변화

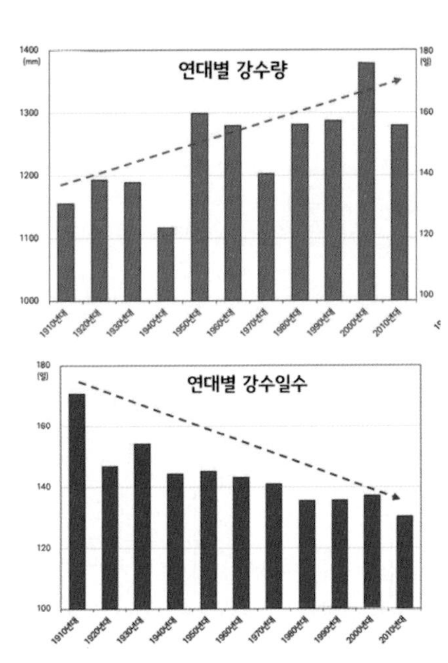

109년 강수량 변화

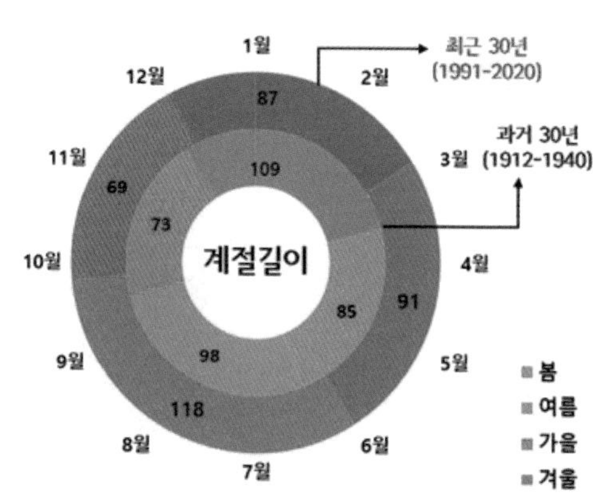

109년 계절 변화

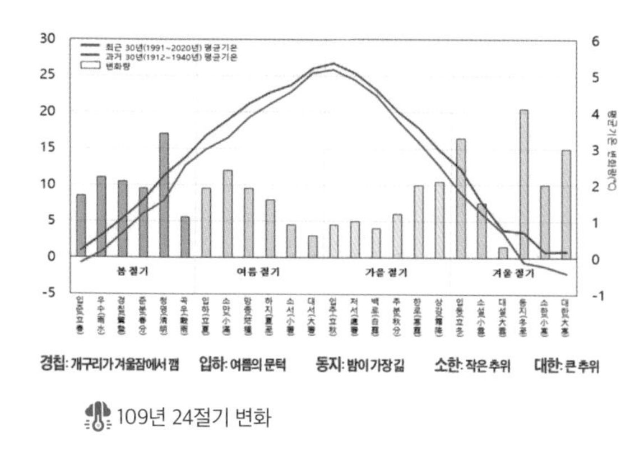

109년 24절기 변화

출처 : 기상청

했는데요. 연평균 기온은 1.6도 상승했고, 해마다 0.2도씩 꾸준히 상승하는 추세를 보였어요. 연 강수량은 135.4mm가 증가했는데 강수일수는 오히려 감소했어요. 과거 30년에 비해 최근 30년의 변화를 보면 여름 평균 연 강수량이 97.3mm 증가한 데 반해 겨울 강수량은 9.3mm 감소한 것으로 나타났어요. 여름철 일 강수량이 80mm 이상인 날의 연중 일수가 0.6일 증가했는데, 이것을 보면 호우가 내리는 날의 강수량이 예전에 비해 훨씬 많이 증가했다는 것을 알 수 있어요. 극한호우라는 단어가 새로 만들어질 정도니, 기후변화를 체감할 수 있지요.

편 봄과 가을이 짧아진 건 경험으로 알 수 있는데, 실제로 얼마나 짧아졌나요?

최 계절의 변화도 뚜렷한 추이를 보이는데요. 봄은 시작일이 17일 빨라졌고, 여름은 시작일이 11일 빨라졌어요. 여름은 과거 30년은 98일이었는데, 최근 30년은 118일로 무려 20일이 길어진 것을 알 수 있어요. 여름이 길어진 만큼 가을과 겨울이 짧아졌고요. 계절의 변화는 24절기의 변화로도 확인할 수 있어요. 우리나라의 날씨 예보에서 빠질 수 없는 게 절기의 변화인데요. 최근 절기가 맞지 않는 경우가 꽤 많이 발생하지요. 개구리가 겨울잠에서 깨어난다는 경칩은 13일이나 빨라졌고, 여름의 문턱이라는 입하는 8일이 빨라졌어요. 밤이 가장 긴 동지는 무려 4.1도나 기온 상승했어요. 실제로 모든 절기에서 기온이 상승한 것을 확인할 수 있는데요. 가장 추운 절기인 대한, 소한도 영상의 기온을 기록할 때가 많답니다. 기상청의 기후변화 추세분석 결과로만 보아도 이제 국민이 기후위기에 대한 인식을 바꾸어야 하고, 정부는 기후변화 대응정책을 적극 수립해야 해요.

기상캐스터의 미래를 어떻게 예상하세요

편 기상캐스터는 미래를 어떻게 예상하세요?

최 미래를 예측한다기보다 기상캐스터가 앞으로 방송사에서 혹은 시청자에게 어떠한 형태로 필요할까 생각하면 될 것 같아요. 그러기 위해 '기상'을 전하는 기상캐스터는 현재 기상이 어떤 상황에 놓여있는지 관심을 가져야 해요. 이제는 기후변화라는 말이 부족하여 기후위기라는 용어를 사용함으로써 온실가스 배출 감축 및 기후변화 영향 저감 등 행동 변화를 유도하기 시작했어요. 기후위기에 대응하는 방안은 크게 온실가스 "감축"과 기후위기 "적응"으로 구분할 수 있는데, 온실가스 감축도 중요하지만, 1차 영향인 폭염, 국지성 호우, 한파 등에 대한 인간들의 적응력을 높이는 것도 필요합니다. 기후위기 시대 기상캐스터의 역할은 이러한 위험기상이 발생할 때 사전 대비와 적응을 돕도록 시청자에게 도움이 되는 정보 전달을 하고, 더욱 생생한 시각 자료를 활용하고 행동 변화까지 유도할 수 있도록 때로는 현장에 나가 취재를 하는 것도 필요하다고 생각합니다. 그래서 개인적으로는 크로마키 앞에서 방송하는 공간의 제약이 아쉬워요. 기후변화는 노인, 영유아, 어린이와 같은 생물학적, 그리고 사회 경제적 취약 계층에 더욱 크게 영향을 미치고 있어요. 폭우가 쏟아질 때면 어김없이 피해를 보는 상습 수해 지역도 있죠. 마음 같아서는 전국 방방곡곡을 누비며 날씨를 담고 싶습니다. 그리고 제도적으로도 보호 대책이 더욱 개선되었으면 하는 바람이에요.

지금까지 방송국에서 기상캐스터에게 요구하는 것은 외적으로 보이는 이미지가 좋아야 하고, 정확한 발음을 구사하는 정도였어요. 그래서 기상캐스터를 준비하는 사람들은 바깥으로 보이는 이미지 관리에 더 큰 노력을 들여요. 그런데 제가 이 일을 하면서 알게 된 것은 애써서 연습한 예쁜 자세나 표정보다는 기상에 관한 전문 지식이 훨씬 더 필요하다는 거예요. 기상 예보가 우리나라보다 훨씬 발전한 일본의 기상캐스터는 관련 자격증을 소지한 사람이어야 하고, 또 기상캐스터로 채용된 후에 기상 전문가에 준하는 교육을 받아요. 일본은 다양한 기후가 나타나는 지역인만큼 지역방송국마다 기상캐스터를 채용하고 그 지역의 기상을 예보하기 위해, 필요한 교육을 실시해 전문가로 키우는 시스템이에요. 그런데 우리나라는 아직 기상캐스터는 외모로 뽑는다고 할 정도로 전문 지식은 고려하지 않고 있는 게 현실이에요. 그래서 저는 날씨 예보의 시스템이 변화되어야 할 시점이 아닐지 생각해요. 우리나라도 전 세계적인 기후변화의 영향을 받기 시작했는데요. 이런 때

일수록 기상캐스터를 이미지로 소비할 게 아니라 예보의 전문가를 양성하는 방향으로 나아가야 할 것 같아요.

편 말씀을 들어보니 우리나라 기상캐스터는 개인적으로 노력하는 것 외에 방송국에서 전문적인 교육의 기회나 지원을 하지 않는 것 같아요.

최 앞에서도 말했듯이 기상캐스터로 채용되면 실무 교육 없이 바로 실전 투입이에요. 혼자서 화면 구성하고 대본 작성하고 방송하는 거죠. 기상캐스터를 기상청 통보문을 읽고 외워서 시청자에게 전달하는 역할 정도로 여기는 면이 있어요. 그런데 미래는 기상 정보가 더 중요해질 것으로 누구나 예상하고 걱정하고 있는 게 현실이잖아요. 지금처럼 기상캐스터가 수동적인 역할에 머무는 게 아니라 급변하는 기상 상황에 대응할 수 있는 전문적인 소양이 필요할 거란 말이지요. 그렇다면 현재는 기상캐스터가 기상 예보의 전문가 역할을 할 수 있도록 방송의 시스템이 변화할 시점이 아닐까 생각해요.

다른 분야로 진출할 수 있나요

편 기상캐스터는 근무 기간이 짧은 직종 중 하나인 것 같아요. 이 일을 하다가 어떤 곳으로 이직하나요?

최 젊은 여성 중에 기상캐스터를 꿈꾸는 사람이 많은데요. 준비하면서도 이 직업이 평생직장이 되지 않는다는 것을 다 알고 있어요. 계약직 프리랜서이기 때문에 기상캐스터로 채용되었더라도 짧게는 1년 정도이고 길게 일해도 10년을 넘기 어려워요. 저도 2016년부터 이 일을 시작했으니 기상캐스터로는 9년이 넘었고, MBC에서는 7년 정도 되었어요. 긴 경력을 갖고 MBC로 이직한 것이 아닌데, 어느덧 저는 MBC 뉴스데스크를 7년째 진행하고 있고, 여성 기상캐스터로서 최장수로 진행하고 있다고 하네요. 아직 우리나라는 외적 이미지와 정보 전달력을 기상캐스터 채용의 최우선 조건으로 여기는 문화가 남아 있는 것 같아요. 그래서 기상캐스터 대다수가 젊은 여성인데, 이런 상황을 알고 이 직업을 발판 삼아 자신을 브랜드화하려는 사람들이 꽤 있어요. 처음부터 인플루언서가 되고 싶다거나, 예능계로 진출하고 싶은 사람들이 거쳐 가는 직업으로 선택하는 경우도 있다고 알고 있어요.

또 후배 양성을 위해 아카데미에서 강의하는 현직 기상캐스터도 많아요. 이 일을 하면서 자신이 하고 싶은 일을 찾아 준비해서 나가는 사람도 있고요. 제게도 주요 아나운서 아카데미에서 기상캐스터 특강 제안이 오고, 다양한 기업체 행사와 프로그램 섭외가 들어와요.

그리고 보다 전문성 있는 기상캐스터가 되길 원하는 여러분에게 소개하고 싶은 선배가 있어요. 지금 기상전문기자며 전 MBC 기상센터 기상팀장을 역임하신 저의 직속 상사의 이야기예요. 이 분은 기상캐스터로 일을 시작해 기상에 관한 전문 지식을 쌓아 기상전문기자로 전직하셨어요. 사실 이런 경우는 매우 드물지만, 기상캐스터도 기상 전문가로 성장할 수 있는 기회가 있다는 예로 귀감이 될 것 같아 알려드려요.

기억에 남는 일이 있다면

편 이 일을 하면서 특별히 기억에 남는 일이 있다면요?

최 제가 MBC에 입사하고 한 달 정도 됐을 때 일이에요. 그날 아이템 회의에서 태풍 모의 체험 장면을 촬영하자고 해서 제가 보라매 안전체험관을 섭외해서 촬영을 나갔죠. 체험관 안에 태풍 체험을 할 수 있는 시설이 있는데, 시간당 100mm의 비가 내리는 가운데 바람이 초속 10m로 부는 상황에서 시작해서 바람이 초속 30m의 강풍으로 변하면 어떤 변화가 있는지 실제처럼 체험할 수 있어요. 저는 비옷을 입고 우산을 쓴 채로 비가 내리는 가운데 바람이 초속 10m로 불고 있을 때의 상황은 어떤지, 초속 20m로 거세게 불면 어떤 모습으로 변하는지, 마지막으로 바람이 초속 30m의 강풍으로 변하면 어떤 일이 벌어지는지 체험하면서 마이크를 들고 실제 날씨 예보를 하듯이 상황을 설명했어요. 바람이 점점 거세지자 우산이 날아가고, 비옷이 벗겨지고, 몸이 날아갈 정도가 되는데, 정말 말을 할 수 없는 상황까지 되더라고요. 그 영상이 고스란히 뉴스데스크 날씨 예보에 나갔고 인터넷에서 큰 화제가 되었어요. 촬영할 때는 정말 고생스러웠는데, 아직도 선명한 기억으로 남아있어요. (웃음)

SUN
10°C
6°C
MON
11°C
4°C
TUE
12°C
3°C
WED
12°C
5°C
THU
10°C
4°C
FRI
12°C
5°C
SUT
13°C
4°C

기상캐스터의 사계절

TEMP 45

WIND 12m/s

SUNRISE 5.48

꽃이 피기를 기다리는 마음으로 하는 봄 날씨 예보

편 긴 겨울을 지나면 봄이 기다려지는데요. 봄 날씨 예보의 특징에 관해 말씀해 주세요.

최 봄은 언제 따뜻해질까, 또 꽃이 언제 필 것인가에 중점을 두는 것 같아요. 그래서 1년 전, 2년 전, 5년 전의 상황도 비교해서 올해는 개화의 시기가 이렇게 달라졌다, 개화 양상도 조금 다르다는 식으로 기후의 변화를 인식할 수 있는 자료로 사용할 수도 있어요. 이건 제가 다 가지고 있는 자료니까 언제든 활용할 수 있는 거죠. 그리고 꽃 중에 매화를 또 빼놓을 수 없잖아요. 매화는 광양 마을이 가장 유명한데 개화 시기에 취재도 하지만 매실을 수확할 때도 취재해요. 봄의 영상과 여름의 영상을 나란히 놓고 '봄에 핀 꽃에 탐스럽게 매실이 달려있다, 봄과 여름을 잇는 과실이다, 올해의 수확량은 얼마나 될 것 같다' 등, 이렇게 연속성이 있는 아이템으로 날씨 정보를 풍부하게 구성하죠. 매실 수확할 즈음에 광양 마을의 이야기를 전해드리면 시청자들도 좋아하세요.

편 기후변화의 영향으로 봄을 알리는 꽃 소식이 정확하지 않은 때도 있고, 변동도 많이 발생해서 예보할 때 곤란한 점도 있을 것 같아요.

최 벚꽃축제의 시점 때문에 최근 몇 년은 혼란이 있었어요. 기상청에서 예보한 시기보다 훨씬 빨리 벚꽃이 만개해서 정작 축제 기간에는 벚꽃이 지고 없을 때도 있었고, 예보한 시기보다 늦게 피어서 축제를 연장하는 일도 있었죠. 심지어 강릉은 2024년에 벚꽃이 아예 피지 않아서 시청에서 '죽을죄를 지었습니다'하고 사죄하기도 했고요. 또 지리산에 철쭉이 피지 않는 일도 발생했어요. 지리산은 매해 철쭉축제를 여는데, 겨울에 냉해를 입은 철쭉이 개화하지 않은 거죠. 이 소식은 제가 먼저 알았는데요. 지리산 국립공원공단의 총괄 홍보 담당자께서 저한테 직접 전화를 하셔서 "올해는 철쭉축제를 열지 못합니다"하고 알려주셨어요. 그분이 겨울에 냉해를 입었던 철쭉 사진과 그날 꽃봉오리가 없는 사진을 함께 보내주셔서 그것을 아이템으로 날씨 예보를 한 날도 있었죠.

이런 현상을 몇 번 겪고 나니 이제는 어떤 변화가 올 때 누구의 잘잘못을 따지기보다는 그 상황을 수용하고 유연하게 대처하는 게 더 중요한 것 같아요. 날씨는 사람이 조종하거나 만들 수 있는 게 아니잖아요. 그래서 저희는 행사를 주관하는 실무자의 목소리를 시청자에게 들려드렸어요. 저희가 전달하는

REC

MBC
뉴스데스크
Q 언제쯤 가야 벚꽃이 가장 아름다울까요?
"축제는 4월 2일에 끝나지만,
다음 주 중반쯤에 만개하지 않을까 예측을 하고 있는데요."

여의도 벚꽃 축제를 이틀 앞두고 꽃이 피지 않아 벚꽃 상황을 직접 확인하며 방송했어요. (2024년 3월 27일 뉴스데스크)

것보다 현장의 목소리를 들려드리는 게 더 설득력 있을 것 같았지요. 아마 앞으로도 기후변화가 급격하게 일어나면 이런 에피소드들이 많이 생길 거예요. 그렇지 않기를 바라지만 예측하지 못했던 상황이 오면 현장의 목소리를 더 담아야 할 것 같다는 생각이 드네요.

폭염과 폭우의 피해가 없기를 바라는 여름 날씨 예보

편 여름 날씨의 특징은 무엇인가요?

최 여름이 시작되는 시기에는 장마, 장마가 지나간 후에는 더위, 더위가 지속되는 중간에 올라오는 태풍이 여름 날씨 예보의 특징이지요. 장마철이나 태풍이 올 때 집중호우가 많이 발생하는데 어느 지역에 얼마나 내릴지가 중요해요. 요즘은 서울 지역이라도 비가 내리는 지역이 있고 안 내리는 지역이 있어요. 그리고 강남역처럼 지리상 상습 침수 지역이 있죠. 좁은 지역에 집중적으로 비가 내리기 때문에 그런 정보 위주로 방송해요. 이런 위험기상은 기상청에서 미리 알려주니까 저는 폭우로 인한 피해를 최소화하는 방향으로 방송 준비를 하죠.

편 폭우가 내릴 때 특보도 나오잖아요. 그럴 때는 어떻게 준비하시는 건가요?

최 시간당 100mm의 비가 내리는 위험기상 때는 기상청에서 레이더 영상과 CCTV 영상 등의 정보를 거의 실시간으로 제공해요. 이런 때는 방송 특보도 나가기 때문에 언제라도 방송할 수 있도록 대기하면서 자료를 준비해요.

편 태풍이 발생했을 때 날씨 예보가 특히 중요한 것 같아요.

최 태풍이 우리나라에 영향을 크게 미칠 것으로 예측되면 태풍의 진로와 강도, 소멸 시기 등에 관한 정보를 시청자에게 실시간으로 제공하는데요. 태풍은 다가올 때보다 소멸했을 때 비가 더 많이 내리는 경향이 있어요. 태풍이 소멸했으니까 안전하겠지 생각하는 분들이 있는데요, 이럴 때야말로 시청자가 날씨 예보에 주의를 기울여야 해요. 그래서 저는 바람은 어디에 많이 부는지, 비는 어디에 많이 내리는지, 10분 전, 한 시간 전과 상황은 어떻게 달라졌는지 등과 같은 실시간 기상 정보를 전달하는 데 중점을 두고 있어요.

편 극한호우라는 말이 생겼던데, 그건 어떤 때 사용하나요?

최 2022년 8월 9일에 동작구, 서초구, 강남구 일대에 시간당 141mm의 폭우가 쏟아져서 강남역 일대 및 2호선과 신분당선 역이 전부 침수되는 일이 있었어요. 그날 저도 중계차를 타고 잠수교 부근에서 대기하고 있었어요. 저녁 8시 정도 되었는데, 하늘을 보니 새까만 비구름이 몰려오는 거예요. 그 모습을 보고 깜짝 놀라서 바로 기상정보 시스템에 들어가서 실시간 강우 강도를 확인했죠. 시간당 100mm 이상의 호우가 관측이 되는데 제가 잘못 본 줄 알았어요. 그리고 한 20분 사이에 도로에 물이 차오르는데 처음엔 웅덩이가 생기더니 순식간에 도로가 차올라 강물이 흐르는 것처럼 변하는 거예요. 기상캐스터로 5년 차, 겨우 명함을 내밀 정도의 경력인지라, 벌어지고 있는 상황이 정말 이례적인지 특이한 건지 믿을 수가 없어서 20년 이상의 경력을 갖추신 PD님한테 물어봤어요. 이런 광경을 보신 적이 있냐고요. 그랬더니 이런 비는 처음이라고 그러시더라고요. 그 일이 있고 나서 기상청에서 '극한호우'라는 말을 만들었어요. 아주 짧은 시간 동안 특정 지역에 집중되는 극단적 호우로, 강수량이 한 시간에 50mm가 넘으면서 3시간 사이에 90mm가 넘는 경우, 또는 1시간에 72mm가 넘는 경우를 극한호우라고 정의했지요. 보통 1시간 강수량이 30mm가 넘을 때를 집중호우라고 하는데요, 극한호우는 그보다 훨씬 더 집중적으로 쏟아지는 폭우예요. 그래서 2023년부터 기상청은 극한호우가 발생할 것에 대비해 재난 문자도 발송하기 시작했어요.

편 여름 더위도 심상치 않아서 저도 날씨 예보를 자주 보게 되더라고요.

최 2024년 여름은 '역대, 관측 사상 첫'과 '기록 경신'이라는 단어가 많이 등장했어요. 기상청에서 여름 날씨 정보를 정리한 자료가 있는데, 거의 다 '역대 1위'를 기록했어요. 우리나라는 1973년에 폭염과 열대야 현상을 관측하기 시작했어요. 그 이래 최장 열대야일수, 최장 폭염일수를 기록했고, 9월까지 폭염과 열대야가 지속되는 이례적인 기후 현상이 발생했어요. 기후위기가 얼마나 심각한지 이러한 자료를 통해서도 느끼게 돼요. 1907년 관측을 시작한 이래 가장 더운 한 해를 보내게 된 거예요. 겨울 역시, 한파가 드물게 나타나고 영하 10도의 강추위가 없는 그런 한 해였어요. 이제는 기후위기가 증명되고 있는 만큼, 이것은 인정하고 적응하는 데 힘써야 할 거예요. 2024년은 제가 기상캐스터가 된 이후 폭염과 열대야에 대비해 건강 관리를 잘하시라는 방송을 가장 많이 한 해였어요. 그리고 2025년 3월도 평년보다 기온이 높을 것이라는 전망이 나왔는데요. 꽃샘추위는 옛말이 될지도 모르겠다는 생각이 듭니다.

편 기후변화에 따라 위험기상이 발생하는 날이 많아지면 예보할 때도 마음이 무거우시겠어요.

최 제가 신입 때 태풍 체험을 했는데, 그때는 실내에서 비바람을 맞았고 이게 현실이 아니라는 것을 알고 있어서 마음은 불안하지 않았어요. 그래서 비바람을 맞으면서도 마이크를 들고 말을 할 수 있었죠. 그런데 지금은 전에 보지 못했던 날씨를 경험하고, 매일 예보를 하다 보니 경각심이 더 생겨요. 바짝 긴장하게 되고 책임감이 더 느껴지더라고요. 그래서 여름에 비가 온다는 통보문이 오면 CCTV를 열심히 들여다봐요. 어디는 비가 오는데, 어디는 오지 않는지, 또 어디는 극한호우인데 어디는 소나기 정도인지 전국 CCTV를 보는 거예요. 2024년 어느 여름날 기상 특보를 방송하고 퇴근하는 길이었어요. 극한호우가 예상되는 건 아니었는데, CCTV를 보다가 너무 놀랐어요. 전북 군산이었는데 2022년 강남역과 마찬가지로 순식간에 도로에 물이 차오르고 있고, 속도를 높여서 지나가는 차가 있는가 하면 당황해서 갈까 말까 망설이는 차도 있었어요. 시간당 100mm의 많은 비가 내리면 도시도 피해가 크지만 농촌 지역이 더 취약해요. 그 장면을 실시간으로 보면서 마음이 좋지 않은 거예요. 그래도 날씨의 상황을 알아야 하니까 CCTV를 열심히 보게 되더라고요.

자연의 선물을 기대하며 예보하는 가을 날씨

편 가을은 단풍의 계절이라 날씨 예보에서도 언제부터 단풍이 들겠다는 소식을 전하는데요, 어떤가요?

최 가을은 단풍철이죠. 단풍이 아름답게 물드는 곳을 소개하고 언제 어디에 가면 단풍 구경을 할 수 있다는 정보를 알려드려요. 그런데 최근에는 단풍 소식을 전하기가 참 어려워요. 어느 해는 가을이 앞당겨져서 잎이 색색으로 물들기 전에 다 떨어져 버리고, 또 어느 해는 단풍 들 새가 없이 겨울이 되어서 단풍이 들지 않았다는 아쉬운 소식도 방송해요.

그리고 가을 초입엔 추석 관련한 예보가 중요해요. 추석날에는 제가 한복을 입고 방송한 적도 있어요. 차례상에 올릴 과일이 익어가는 풍경도 전하고, 무엇보다 귀성길과 성묫길 날씨 예보에 중점을 두지요. 또 보름달이 뜨는 시각도 전해드려요. 한가위 보름달을 볼 수 있다는 소식을 전하면 가장 좋지만, 간혹 추석이 임박해서 태풍이 발생할 때는 그럴 때는 귀성길, 귀경길 날씨를 자세히 전하고 안전 운전하시기를 당부하지요.

편 가을이 짧아지고 있어서 아쉬움이 많아요.

최 나들이하기 좋은 계절이 가을인데 실제로 가을이 짧아지고 있어요. 절기상으로는 가을인데도 더위가 지속된다거나 때 이른 추위가 찾아와 가을이 실종되는 상황이지요. 가을을 만끽할 수 있도록 나들이하기 좋은 날씨를 전해드릴 때는 저도 좋은데, 그런 날이 많지 않은 게 요즘 가을 날씨예요. 그리고 가을은 산불이 많이 나는 계절이에요. 건조한 날씨가 이어지는 가운데 낙엽이 많이 쌓이면 작은 불씨가 날려도 큰 산불로 번지기 쉬워요. 저는 산불이 발생했을 때 실시간 현황 영상을 받아볼 수 있도록 산림청 관계자와 소통하고 있어요. 실제로 불이 났을 때 불이 번지고 있는 영상, 소방 헬기가 물 뿌리는 영상 등을 실시간으로 받아서 날씨 예보할 때 자료로 활용하지요. 그리고 가을인데 한파 소식을 전하는 일이 잦아지고 있어요. 어제는 영상 20도였는데 하룻밤 새에 기온이 15도, 20도가 뚝 떨어지는 거예요. 북쪽에서 찬 공기가 빠르게 내려오면 이런 현상이 나타나요. 이렇게 한파가 오면 왜 이런 현상이 발생하는지 자료를 조사해서 방송해요. 날씨 예보를 하는 저도 가을의 상징이 사라지는 것이 너무 아쉽고, 가을이 하나의 계절이 아니라 간절기처럼 변하는 것을 보면서 기후변화를 실감하고 있어요.

한파와 폭설을 걱정하는 마음이 앞서는 겨울 날씨 예보

편 겨울 날씨 예보에서 중점을 주는 것은 무엇인가요?

최 겨울 날씨도 평년과 다른 점이 많아서 변화가 있어요. 우리나라 겨울 날씨의 특징은 삼한 사온으로 3일 춥고 4일 따뜻한 날씨였는데, 지금은 옛말이 되었지요. 기상 전문가들은 2024년 2025년 겨울 날씨 전망을 10한 10온, 또는 7한 7온이라고 예상하더라고요. 이것도 평년의 개념이 무너진 거죠. 또 날씨가 순차적으로 변하는 게 아니라 훈풍이 올라올 때는 갑자기 따뜻해지고, 찬바람이 내려올 때는 갑자기 추워지는 변화가 예상되고요. 그래서 이런 변화를 시청자가 이해할 수 있도록 전달하려고 노력하고 있어요.

편 한파와 폭설 등 위험기상일 때는 어떻게 예보하시나요?

최 여름에 위험기상이 많았는데, 요즘엔 겨울에도 위험기상이 많이 발생해요. 특히 추운 날이 계속되는 가운데 폭설이 예상되면 사람들의 일상에도 영향을 크게 미쳐요. 폭설로 인해 영동 지역의 일부 마을이 고립되는 일도 벌어지고, 눈이 녹으면서 도로가 빙판길이 되어 사고가 자주 일어나고, 사람들의 낙상 사고도 자주 발행하죠. 그럴 때는 CCTV를 보고 눈길에 발생한 사고 현장을 포착해 방송 자료로 활용해요. 요즘엔 또 눈이 물기를 많이 머금은 상태로 무겁게 내리는 경우가 있어요. 대기에 수증기량이 많아서 습한 눈이 내리는데, 눈의 무게를 못 이겨 농촌의 비닐하우스가 무너지는 피해도 속출하고요. 폭설이 예상될 때는 안전사고에 대비해야 한다는 데 주안점을 두고 방송하지요.

한파도 깊어지는 경향이 있어요. 영하 20도 이하로 내려가는 날이 꽤 있는데, 이런 날에는 동파 사고가 자주 일어나니까 대비해야 한다고 방송해요. 또 도심에서 고드름이 떨어져 지나가던 사람들이 다치는 사고도 일어나요. 고드름은 눈이 녹으면서 만들어지는데요, 높은 곳에서 떨어지기 때문에 작은 고드름도 위험합니다. 그래서 겨울철 고드름 제거를 위해 119에 신고하라는 안내도 나가고 있어요.

편 날씨가 예보와 다르게 나타나는 때도 있을 것 같아요.

최 그런 날이 있죠. 전날 예보에는 눈이 조금 내리거나 내리지 않을 것이라고 했는데, 갑자기 엄청난 양의 눈이 쏟아지는 경우가 있어요. 2024년 3월 26일에 있었던 일이에요. 봄이 오고 있어야 할 시기에 갑자기 강원도에 폭설이 내렸어요. 강원도에는 3, 4월에도 눈이 내리는 날이 있어서 놀랄 일은 아니에요. 그런데 그날은 예년의 상황과 달랐어요. 설악산으로 출근하던 국립공원 직원분들이 저한테 사진과 영상을 보내주셨어요. 제가 눈이 오는 지역을 찾아 CCTV를 봤더니 정말 끊임없이 눈이 내리더라고요. 그날 산에 있었던 분들이 고립되는 등 고생이 많았어요. 그래서 저도 그날 현장에 있는 분들을 취재해서 방송했었지요.

한파나 폭설도 문제지만 갑자기 훈풍이 밀려오는 것도 문제예요. 분명 겨울인데 강원도 동해안 지역은 영상 20도까지 올라간 거예요. 그날 저는 기상청 자료를 찾아봤어요. 최근 30년간 기온 통계도 보고 특이한 기상 현상을 보인 날의 기록도 찾아보았는데, 그런 날은 정말 드물더라고요.

SUN
MON
TUE
WED
THU
FRI
SUT
10°C
11°C
12°C
12°C
10°C
12°C
13°C
6°C
4°C
3°C
5°C
4°C
5°C
4°C

기상캐스터 최아리의 V-LOG

TEMP
45

WIND
12m/s

SUNRISE
5.48

여름철 야외 예보

2019년 7월, 폭염 야외 촬영

서울에 역대 가장 빠르게 폭염 경보가 발령된 날이에요.
날씨가 너무나 더운 탓에 뉴스데스크 날씨 오프닝 촬영하러
신촌역으로 나갔어요. 도심 한복판에 있자니 정말 숨이
턱턱 막힐 정도로 더웠답니다.

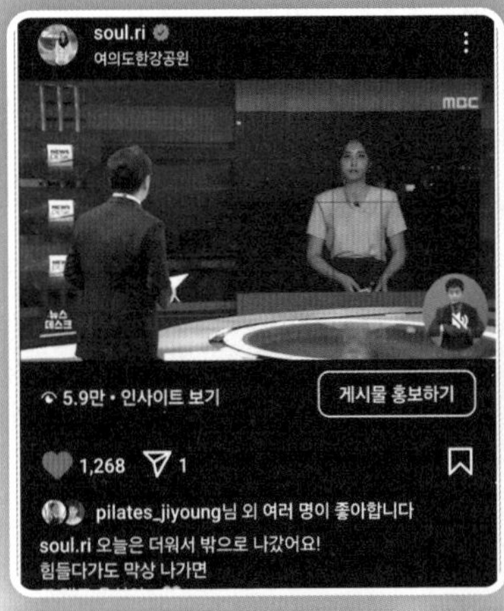

폭염이 절정일 때 찾아오는 열대야

여의도 한강 공원은 여름이면 열대야를 식히러 나오는 시민들이 많습니다. 밤에 찾아오는 더위를 생생하게 전달하기 위해 야외로 나갔어요. 바람이 불어도 더운, 마치 온풍기를 쐬고 있는 듯한 날씨랍니다. 막상 나가니 생각보다 더 더워서 야외 현장에서 급히 부채를 구해서 소품으로 활용한 날이었어요.

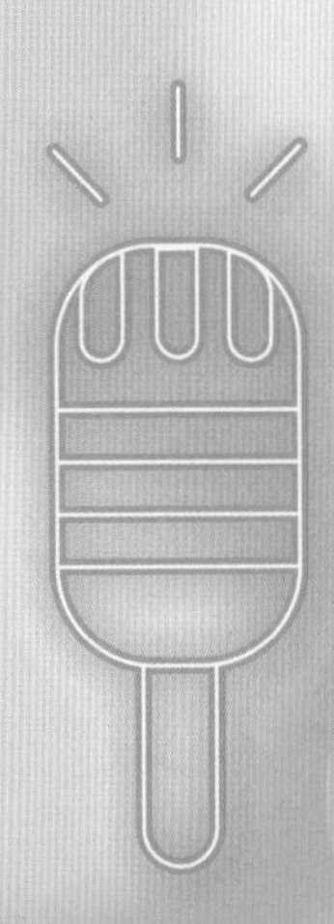

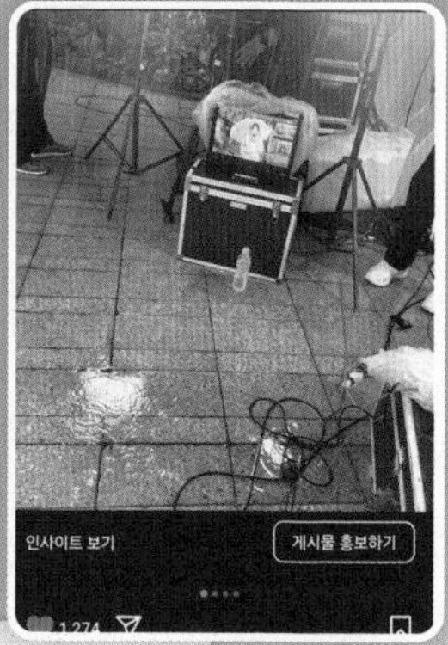

여름철 폭우 중계

피해를 볼 수 있는 100mm 이상의 많은 폭우가 예보되면 어김없이 매해 여름 야외로 나가 실시간 비 상황을 전달해요. 도심에 빗물이 빠르게 차오르는 것을 보면, 도심과 떨어져 있는 농촌지역은 얼마나 더 위험할지 늘 걱정이에요. 이런 위험 기상은 평소보다 더 긴장한 상태로 진행한답니다.

겨울철 광화문 사거리에서 야외중계

겨울이면 방한용품을 챙겨요. 칼바람이 매섭게 불던 날, 머리카락이 휘날리는 장면이 방송에 그대로 송출되어 지인들로부터 걱정의 연락도 많이 받은 날이었답니다. 퇴근길 꽁꽁 싸매고 잰걸음으로 이동하는 시민들의 모습을 담을 수가 있어요. 그 자체로 날씨가 얼마나 추운지 보여주죠.

매해 겨울, 사랑의 열매 뱃지를 달고 방송 출연

서울 시청광장에 사랑의 온도탑을 설치한 날이었는데요. 직접 현장을 찾았습니다. 날씨와 함께 사랑의 온도탑 운영 홍보를 했죠. 날씨가 추운 연말연시 주변 어려운 이웃을 돌아보며 따스한 온정을 나눌 시간을 가져보는 건 어떨까요.

인사이트 보기
게시물 홍보하기
3,395
cho.dorothy_님 외 여러 명이 좋아합니다
soul.ri 그나마 멀쩡한 사진(머리카락이... 끄응)
제가 이 모양이라 다들 그렇게 걱정해주신 거였군요...
지금은 따뜻한 집이에요... 연락 많이 받았어요.

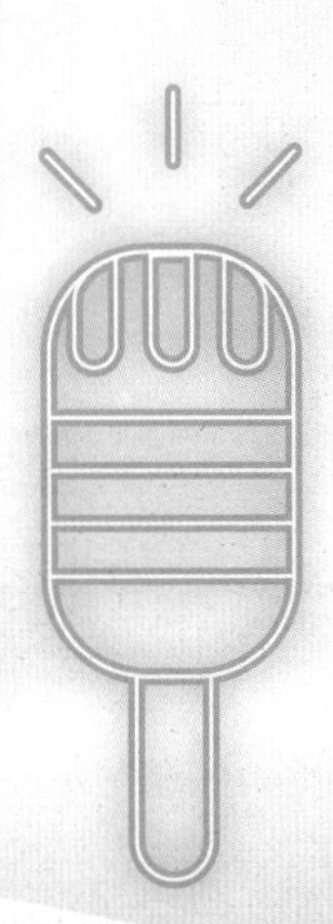

한여름 밤에 펼쳐지는 우주쇼

2023년 8월 마지막 날 국립과천과학원을 MBC 중계팀이 찾았어요. 보름달을 망원카메라로 촬영해 서울 하늘에 떠 있는 '슈퍼 블루문'을 보여드리기 위해서죠. 늦은 밤에도 가족과 함께 슈퍼문을 감상하기 위해 아이들이 참 많았어요. 아이들은 너도나도 방송에 나오고 싶어 해서 리허설하는 동안 질서를 지켜줄 것을 꼭 약속 받았죠. (웃음) 이때가 아니면 14년을 기다려야 하는 아주 드문 천문 현상이었는데요. 기상캐스터는 날씨와 관련된 이러한 현상도 보도한답니다. 산속에 위치해 모기 공격을 받아 힘들었던 기억이 나요.

MBC
NEWSDESK

이트 보기
게시물 홍보하기
3,440
32
cho.dorothy_님 외 여러 명이 좋아합니다
.ri 오늘 뉴스데스크 날씨는 숭례문에서 생중계합니다.
만나요 헤헤 #중계차님좋아#대한민국동행세일
소기업벤처부 @mss.go.kr

최아리
서울 숭례문

숭례문에서 한 야외중계

날씨는 경제와도 밀접하죠. 특히 이때는 코로나19로 인해 경제가 침체된 상황이었어요. 내수 시장을 살리기 위해 전국 단위 대규모 세일 행사를 진행했는데, 마침 더위가 사그라들고 밤에 시원한 바람이 부는 좋은 날씨가 찾아왔어요. 반가운 날씨 소식을 전하면서 우리나라 경제에도 좋은 흐름이 찾아오길 바라는 마음으로 방송했었어요.

MBC

날씨가 바꾼 여행

이런 날씨에 어디를 가야 할까? 고민해 보신 적 한 번쯤은 있죠. 날씨가 우리의 여행지를 바꾼다고 생각해요. 여행을 계획해도 날씨 운(?)이 맞아야 제대로 즐길 수가 있죠. 서울시와 협업을 통해 투어캐스터로 변신도 했답니다. 서울의 관광정보를 날씨예보처럼 안내하고, 날씨정보도 함께 제공하는 서비스였어요. 방송하며 서울 구석구석 숨은 명소도 많이 알 수 있었어요.

ON AIR

크로마키 앞에서 촬영하고, 영상을 합성하는 스튜디오 예보

크로마키와 같은 색상인 초록색 옷을 입으면 영상 합성이 어려워 가능한 비슷한 계열 색상 의상은 피한답니다. 방송 진행 시에는 작은 모니터를 참고하며 해요.

남북 기상캐스터의 가상 대결

MBC 통일 방송팀과 협업을 통해 북한의 기상 보도 방식을 분석하기도 했어요. 색다른 경험이었는데, 북한 방송도 최근에는 한결 더 세련된 예보를 한다고 하네요.

크리스마스 날씨 예보 방송

요즘은 잘 하지 않지만, 예전에는 이런 시도도 했었어요. 크리스마스 날씨 예보 방송인데, CG 그래픽이 크리스마스 포맷에 맞춰 새롭게 제작이 되어요. 출연하는 기상캐스터도 그에 맞춰 가끔은 이렇게 색다른 의상으로 예보를 하기도 한답니다. 이날의 첫 멘트는 '북쪽의 찬 바람이 크리스마스 선물처럼 깨끗한 공기를 선사하고 있습니다.' 였어요. 기승을 부리던 미세먼지를 날린 찬 바람이 크리스마스 선물처럼 얼마나 반갑던지요.

현직 기상캐스터로서 하는 강의

프리랜서이기에 이러한 외부 활동도 큰 제약 없이 할 수 있는데요. 기상캐스터를 희망하는 사람, 일반 기업체 면접을 앞둔 취준생은 물론, 간혹 현직 교사도 찾아와 스피치 강의를 듣고는 해요. 지망생분들의 간절함을 알기에 더 열심히 강의했어요. 이러한 외부 활동은 본업을 더욱 열심히 할 수 있게 하는 또 다른 원동력이 되어주곤 한답니다.

최아리
최아리의 나도
기상캐스터
해볼과
1강 - 기상캐스터의 하루는?
- 실무 실습
2강 - 기상캐스터로서의 톤앤매너(발음 발성, 제스처 자세 등)
- 기사 작성
3강 - 심화 실무 실습
- 상황별 스피치(현장 리포팅)
| 일시 2020년 3월 매주 목요일 저녁 8시 10분
| 장소 신촌대 제공 강의실
| 문의 010-4215-0524

인사이트 보기 게시물 홍보하기

1,153 82

soul.ri 평생 배울 거에용. 배우는 게 제일 재밌어요!!!
배움의 기쁨과 나눔의 즐거움 사실 저는 약 3,4년전까지지만
해도 요가, 필라테스 강사로 활동했었어요 그때
'오피스요가나해볼과' 진짜 많은 분들이 찾아주셨거든
출석률 너무 좋았던 ㅋㅋ

.

.

다음 달 3월부터는 <나도기상캐스터해볼과 > 수업을
되었는데요! 재능 기부로 참여하게 되어 널리널리 알
개인SNS에도 공유해요 지망생부터 누
가능하니 많은 참여부탁드려용!

캐님 인스타 웹사모를 보고 신청하게 되
었어요! 오늘 와보니 정말 너무 아름다우
시고 열정 넘치는 모습 보며 즐거웠습니
다. 학원을 다닐지 고민이 많이 되었는데
오늘 수업을 듣고 다녀야겠다는 마음이
크게 들었어요. 저는 사실 엄청 시끄럽고
활발한데 낯을 가려요 그런데 누구나 활
발하고 에너지 넘침을 가지고 있을 수는
있지만 처음보는 사람,면접장 앞에서 그
것을 표출하는 것은 다르다라고 하신 말
이 참 많이 와닿았어요 사실 오늘 너무 많
이 떨기도 했고 연습했던 것보다 더 안나
와서 오늘 제 모습을 많이 보게 된 것 같아
요. 기캐님 보면서 왜 과연 프로인가. 어느
상황에도 밝고 긍정적인 에너지가 다른
사람의 마음을 여과없이 뚫고 들어가 사
람을 기분 좋게 해주시는 거같아요! 많이
배웠습니다. 담주에 또 볼텐데 너무 좋아
요!! 기캐님 영상 많이 보았는데 ...

전체보기

기상캐스터 강의 후기들

안녕하세요 아리캐스터님 오늘 수줍음
많은 학생이었던, 갈까말까 [illegible]입니다
ㅎㅎ 감사 말씀 드리고 싶어 늦었지만 연
락드려요!
사실 수업 초반에 말씀드리고 집에 가려
고ㅋㅋㅋ앞에 나간 건데, 바로 주제를 바
꿔주셔서 그 따뜻함에 저도 편하게 말이
나왔던 것 같아요! 오늘 수업 덕분에 열심
히 준비하시는 분들 사이에서 동기부여도
됐고, 왠지 면접에 붙을 것만 같은 자신감
까지 생겼어요! ㅎㅎ 무엇보다 다른 분들
피드백 주시는 것 보고 저도 자기소개를
어떻게 준비해야 될 지 정말 많은 도움이
됐습니다!!!! 말이 또 길어져서,,, ㅠ 마지
막으로, 내주신 과제로 내일 다시 찾아뵙
겠습니다 편안한 밤 보내시길 바랍니
당 감사합니다

기상캐스터 강의 후기들

학생들 한 분씩 모두 꼼꼼하게 봐주시고
열정적으로 강의해주신 아리캐스터님 너
무 고맙습니다 다음 주에는 오늘 말씀
해주신 것들 고쳐서 갈게요 짧은
시간에 많은 것들 배워서 너무 유익했습
니다!!

히히 오늘 강의 넘 재미있었어요. 학과장
님 화면도 넘넘 예쁘신데 실물이 훨얼씬
아름다우셔용 시간이 너무 짧아서 아
쉬웠어요.. 빨리 다음주가 되었으면..
다들 수고 많으셨습니다!!!

기상캐스터 강의 후기들

ON
AIR

인사이트 보기 게시물 홍보하기

946 41

soul.ri 이제야 한숨 돌려요
흐앗 제주에서 온 아이들 ~~너무 귀엽지 않
생각보다 좋아해줘서 오히려 제가 더 좋은 기
얻은 하루였어요 #꿈꾸자 💛💛💛 #방송
#mbc기상캐스터 #뉴스데스크날씨 #뿌듯
.
.
잠시 후 뉴스데스크에서 만나요💛
2020년 1월 10일

인사이트 보기
게시물 홍보하기
1,113 45
soul.ri 짜란 뉴스도 끝난 이 시간에 전 뭘 하고 있을까요.
제주도 아이들이 단체로 mbc를 방문해 환영 문구를
만들고 있어요. 아버지의 제주어 특강까지 하핫
기상캐스터 직업소개도 잘 해줘야겠어요!
2020년 1월 9일

최아리 기상캐스터님께

1/3

너무나도 밝은 모습으로 귀한 시간 내주셔서
정말 감사드립니다.
기상 체험은 우리 애들에게 아주 신비한
체험이었나 봅니다.
그날 저녁 발표에 아리님 사진이 제일 많이
올라왔었습니다.
수고에 조금이라도 보답해드리고 싶어, 작지만
저희에 마음을 담아 귤 한박스 보냅니다.
추운 겨울 늘 건강하시고요
방송으로 나오는 모습 보면서 저희도 계속

방송국에 단체 견학 안내

이날은 제가 기상캐스터 직종을 담당해 안내를 도왔는데요. 특별히 CG 제작도 해 보았답니다. 아이들이 직접 크로마키 앞에서 날씨 예보를 전달했는데, 아주 신비한 체험이 되었다는 후기를 전했네요.

인사이트 보기
게시물
3,318
1
cho.dorothy_님 외 여러 명이 좋아합니다
soul.ri #다나한한복 @danahanhanbok 고맙
soul.ri
상암MBC 신사옥
1/4
인사이트 보기
게시물 홍보하기
1,665
88
soul.ri 올해도 제주에서 온 한복!
방송에도 잘 나올 예쁜 한복을

고드름 주의 재난문자가 온 날

2024년 2월, 서울에 58년 만에 기록적인 폭설이 쏟아졌는데, 고층 건물에서 눈이 녹았다가 얼어붙어 고드름이 만들어졌어요. 떨어지는 고드름을 조심하라는 멘트를 극대화 시키기 위해, 방송 중에 떨어지는 고드름에 놀라는 액션을 취해보았어요. MBC 뉴스데스크 날씨 코너에 '언리얼엔진5'라는 최신형 3D 컴퓨터 그래픽 소프트웨어를 활용해 보다 생동감 있게 날씨 정보를 전달할 수 있었습니다.

생중계
내일 하루 종일 '영하권'
MBC NEWSDESK
MBC
최아리
광화문
MBC NEWSDESK
MBC
인사이트 보기
게시물 홍보하기
3,099
21
cho.dorothy_님 외 여러 명이 좋아합니다

갑자기 추워진 날, 눈이 오는 날은 어김없이 야외 현장으로

광화문과 여의도 공원에서 추위와 눈 중계차를 진행했어요. 뉴스데스크는 저녁에 방송되기 때문에 '퇴근길과 맞물려' 날씨 이벤트가 있는 날에는 현장에 나가 퇴근길 상황을 보도하고, 다음날 출근길 날씨 당부까지 하죠.

소멸 뒤에도 많은 비
9호 태풍
종다리
“제주 서북서쪽
100km 통과 중”
최아리

소멸 뒤에도 많은 비
기상특보
강풍주의보
태풍주의보
풍랑주의보

태풍 특보

태풍이 오면 자정에 퇴근하기도 하고, 새벽 1시 방송을 하기도 해요. 뉴스데스크에 평소에 1번 출연한다면, 이런 날은 2번, 3번 출연하고요. 보도 내용도 평소 1분 20초에서 2분 ~ 2분 30초까지 더 늘어나기도 한답니다. 뉴스데스크가 끝난 직후 밤 9시부터 다시 특보 방송에 투입돼 새벽 1시까지 마무리해요. 태풍이 하루에 다 지나가는 것이 아니라, 며칠 연속으로 영향을 주는 경우도 있어요. 며칠 밤을 야근하고 나면 녹초가 되는데, 프로 방송인은 체력 관리도 잘 해야 해요!

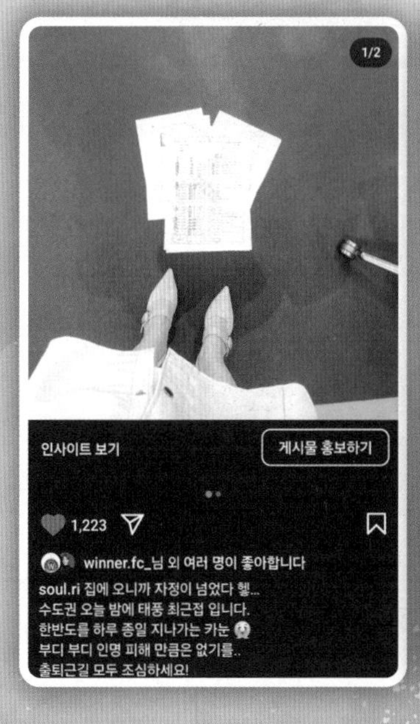

2/2
인사이트 보기
게시물 홍보하기
1,219
soul.ri 중계 직전 폰으로
다시 기상 실황 첵첵
쉴 틈을 안주는 올 겨울 날씨네용?

누적 강우량
1/2
북강릉 112
서울 8.9
삼척 원덕 189
울진 소곡 149
군산 38.9
인사이트 보기
게시물 홍보하기
1,219
soul.ri 중계 직전 폰으로
다시 기상 실황 첵첵
쉴 틈을 안주는 올 겨울 날씨네용?

2023년 12월, 겨울 폭우 중계차

과거에는 여름에만 폭우 중계를 했는데, 최근 들어 기후위기로 겨울에도 많은 비가 오는 빈도가 늘어나고 있어요. 10년 가까이 방송했던 저도 겨울철 우비를 꺼내 입는 것이 어색했지만, 실제로 동해안에 200mm 가까이 집중 호우가 쏟아졌던 날이에요.

전체 뉴스와 어우러지게 만드는 기상캐스터의 날씨 코너

출근해서 그날의 뉴스데스크 큐시트를 보고 오늘은 어떤 주요한 뉴스들이 있는지 확인해요. 그중에 혹시 날씨와 관련된 것은 없는지, 있다면 그 내용이 제가 준비하는 보도 내용과 중복되지는 않는지 살펴요. 위험기상 상황에선 몇 번 강조해도 모자람이 없기에 중복돼도 괜찮지만, 그렇지 않으면 열심히 준비한 것도 과감히 빼고 다시 준비한답니다. 뉴스에 다양한 아이템을 담아 시청자에게 풍성한 볼거리를 제공하기 위해서죠.

안전이 제일인 장마철, 시청자와의 소통은 계속됩니다

레이더 영상을 보면 보라색으로 표시된 위험한 폭우 구름대가 수도권에 집중되고 있던 시기였어요. 퇴근 후에도 날씨 소통을 했습니다. 궂은 날씨, 위험한 날씨에도 일하시는 분들이 있죠. 비가 많이 오는 날이나 눈이 많이 오는 날에는 개인적으로 배달 음식 시켜 먹기도 자제하고 있어요. 모두가 잠든 밤에 비가 많이 오면 피해가 나도 대처하기가 힘들거든요. 그런데 여름에는 야행성 폭우가 자주 나타나요. 이날은 특보를 마치고도 쉽게 잠들지 못해 개인 SNS에서 소통했던 기억이 나네요.

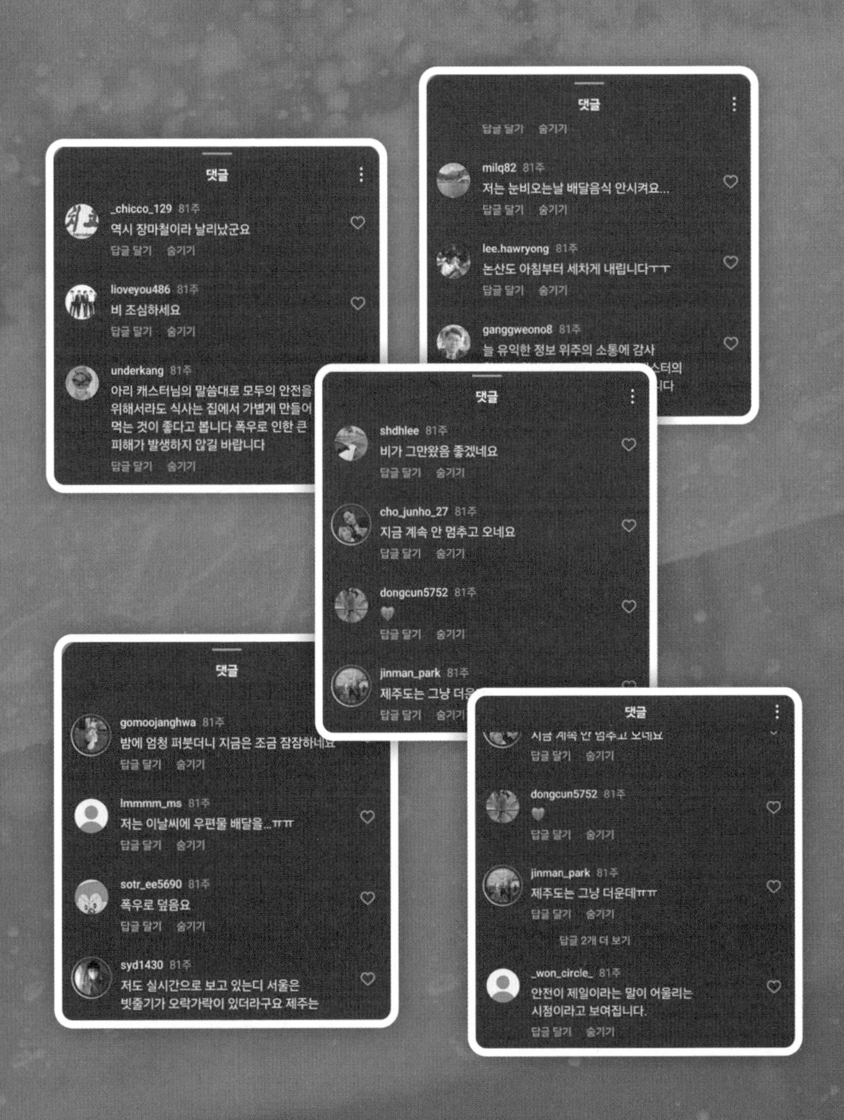

댓글
_chicco_129 81주
역시 장마철이라 날리났군요
답글 달기 숨기기
lioveyou486 81주
비 조심하세요
답글 달기 숨기기
underkang 81주
아리 캐스터님의 말씀대로 모두의 안전을
위해서라도 식사는 집에서 가볍게 만들어
먹는 것이 좋다고 봅니다 폭우로 인한 큰
피해가 발생하지 않길 바랍니다
답글 달기 숨기기
댓글
답글 달기 숨기기
milq82 81주
저는 눈비오는날 배달음식 안시켜요...
답글 달기 숨기기
lee.hawryong 81주
논산도 아침부터 세차게 내립니다ㅜㅜ
답글 달기 숨기기
ganggweono8 81주
늘 유익한 정보 위주의 소통에 감사
댓글
shdhlee 81주
비가 그만왔음 좋겠네요
답글 달기 숨기기
cho_junho_27 81주
지금 계속 안 멈추고 오네요
답글 달기 숨기기
dongcun5752 81주
답글 달기 숨기기
jinman_park 81주
답글 달기
댓글
gomoojanghwa 81주
밤에 엄청 퍼붓더니 지금은 조금 잠잠하네요
답글 달기 숨기기
lmmmm_ms 81주
저는 이날씨에 우편물 배달을...ㅠㅠ
답글 달기 숨기기
sotr_ee5690 81주
폭우로 덮음요
답글 달기 숨기기
syd1430 81주
저도 실시간으로 보고 있는디 서울은
빗줄기가 오락가락이 있더라구요 제주는
댓글
답글 달기 숨기기
dongcun5752 81주
답글 달기 숨기기
jinman_park 81주
제주도는 그냥 더운데ㅠㅠ
답글 달기 숨기기
답글 2개 더 보기
_won_circle_ 81주
안전이 제일이라는 말이 어울리는
시점이라고 보여집니다.
답글 달기 숨기기

SUN
10°C
6°C
MON
11°C
4°C
TUE
12°C
3°C
WED
12°C
5°C
THU
10°C
4°C
FRI
12°C
5°C
SUT
13°C
4°C

나도
기상캐스터

TEMP
45

WIND
12m/s

SUNRISE
5.48

1

기상캐스터는 아래 예시한 것처럼 강수량을 나타내는 CG 의뢰를 직접 해요. 여러분이 기상캐스터라고 생각하고 다음 자료를 보고 CG 의뢰를 위해 밑그림을 그려보세요. 강수량의 많고 적음을 색의 진하기로 표현하는 게 핵심이에요.

* 예상 적설(15~16일)
수도권, 16일) 경기동부: 1~5cm/ 서울: 1cm 내외
- (강원도, 16일) 강원내륙.산지: 1~5cm
- (충청권) 대전.세종.충남, (16일) 충북: 1~5cm
- (전라권) 광주.전남서부, 전북서부: 1~5cm/ (16일)
전남북동부, 전북동부: 1cm 내외
- (경상권) 울릉도.독도: 1cm 내외
- (제주도, 14일 밤부터) 제주도산지: 1~5cm/
제주도중산간: 1cm 내외

2

기상청 통보문을 보고 일기예보 원고를 써보고, 그날의 일기예보를 찾아 기상캐스터의 원고와 비교해보세요.

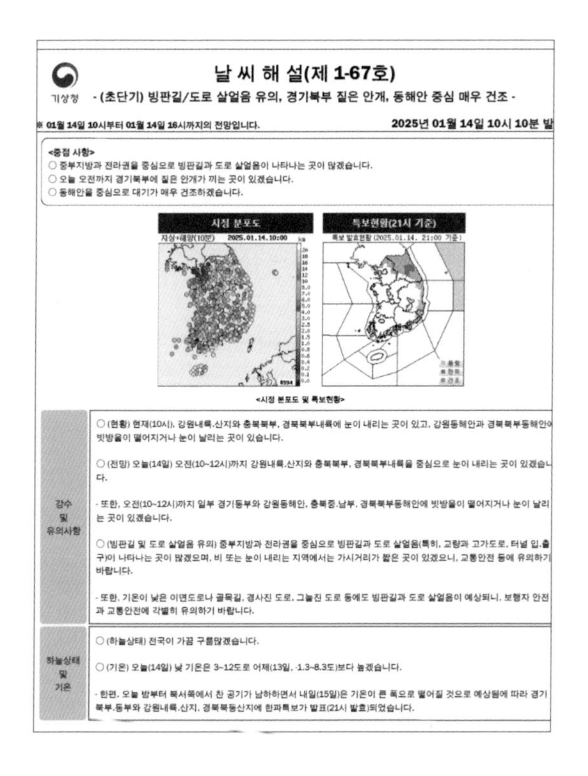

기상청

날 씨 해 설(제 1-67호)

- (초단기) 빙판길/도로 살얼음 유의, 경기북부 짙은 안개, 동해안 중심 매우 건조 -

※ 01월 14일 10시부터 01월 14일 16시까지의 전망입니다. 2025년 01월 14일 10시 10분 발

<중점 사항>

○ 중부지방과 전라권을 중심으로 빙판길과 도로 살얼음이 나타나는 곳이 많겠습니다.

○ 오늘 오전까지 경기북부에 짙은 안개가 끼는 곳이 있겠습니다.

○ 동해안을 중심으로 대기가 매우 건조하겠습니다.

<시정 분포도 및 특보현황>

강수 및 유의사항	○ (현황) 현재(10시), 강원내륙.산지와 충북북부, 경북북부내륙에 눈이 내리는 곳이 있고, 강원동해안과 경북북부동해안에 빗방울이 떨어지거나 눈이 날리는 곳이 있습니다. ○ (전망) 오늘(14일) 오전(10~12시)까지 강원내륙.산지와 충북북부, 경북북부내륙을 중심으로 눈이 내리는 곳이 있겠습니다. - 또한, 오전(10~12시)까지 일부 경기동부와 강원동해안, 충북중.남부, 경북북부동해안에 빗방울이 떨어지거나 눈이 날리는 곳이 있겠습니다. ○ (빙판길 및 도로 살얼음 유의) 중부지방과 전라권을 중심으로 빙판길과 도로 살얼음(특히, 교량과 고가도로, 터널 입.출구)이 나타나는 곳이 많겠으며, 비 또는 눈이 내리는 지역에서는 가시거리가 짧은 곳이 있겠으니, 교통안전 등에 유의하기 바랍니다. - 또한, 기온이 낮은 이면도로나 골목길, 경사진 도로, 그늘진 도로 등에도 빙판길과 도로 살얼음이 예상되니, 보행자 안전과 교통안전에 각별히 유의하기 바랍니다.
하늘상태 및 기온	○ (하늘상태) 전국이 가끔 구름많겠습니다. ○ (기온) 오늘(14일) 낮 기온은 3~12도로 어제(13일, -1.3~8.3도)보다 높겠습니다. - 한편, 오늘 밤부터 북서쪽에서 찬 공기가 남하하면서 내일(15일)은 기온이 큰 폭으로 떨어질 것으로 예상됨에 따라 경기북부.동부와 강원내륙.산지, 경북북동산지에 한파특보가 발표(21시 발효)되었습니다.

<유의 사항>

○ (안개) 오늘(14일) 오전(10~12시)까지 경기북부에 가시거리 200m 미만의 짙은 안개가, 그 밖의 수도권과 강원내륙, 충남북부서해안에 가시거리 1km 미만의 안개가 끼는 곳이 있겠습니다.

- 특히, 강이나 호수, 골짜기에 인접한 도로에서는 주변보다 안개가 더욱 짙게 끼는 곳이 있겠고, 도로 살얼음이 나타나는 곳(교량과 고가도로, 터널 입.출구 등)이 있겠으니, 차량 운행 시 감속 운행하여 추돌사고 등의 피해가 발생하지 않도록 교통안전에 유의하기 바랍니다.

○ (바다 안개) 오늘(14일) 인천경기앞바다에 바다 안개가 끼는 곳이 있겠으니, 해상 안전사고에 각별히 주의하기 바라며, 해상교통 이용객은 사전에 운항정보를 확인하기 바랍니다.

○ (건조) 건조특보가 발효된 동해안을 중심으로 대기가 매우 건조하겠습니다. 또한, 바람도 강하게 불면서 작은 불씨가 큰불로 번질 수 있겠으니, 산불을 포함한 각종 화재 예방에 각별히 유의하기 바랍니다.

○ (강풍) 강원영동과 경북권에는 바람이 순간풍속 55km/h(15m/s, 산지 70km/h(20m/s)) 내외로 강하게 부는 곳이 있겠으니, 시설물 관리와 안전사고에 유의하기 바랍니다.

○ (해상) 풍랑특보가 발효된 동해중부바깥먼바다와 동해남부북쪽바깥먼바다에는 바람이 30~60km/h(9~16m/s)로 매우 강하게 불고, 물결이 1.5~4.0m로 매우 높게 일겠습니다.

- 또한, 오늘(14일)은 동해중부안쪽먼바다와 동해남부북쪽안쪽먼바다, 서해중부먼바다에, 내일(15일)은 그 밖의 대부분 먼바다에서 차차 바람이 매우 강하게 불고, 물결이 매우 높게 일면서, 풍랑특보가 발표될 가능성이 있겠으니, 앞으로 발표되는 기상정보를 참고하기 바랍니다.

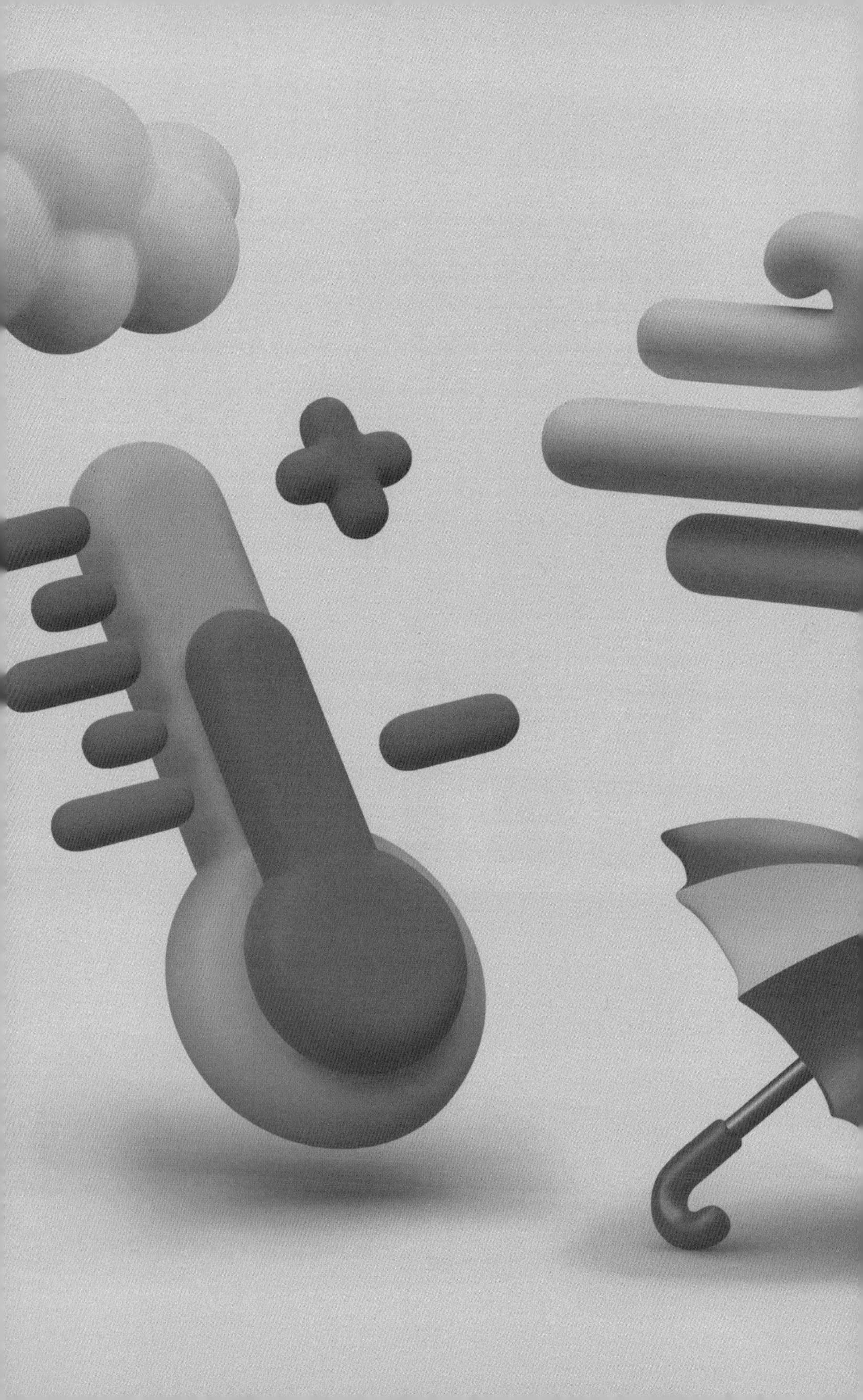

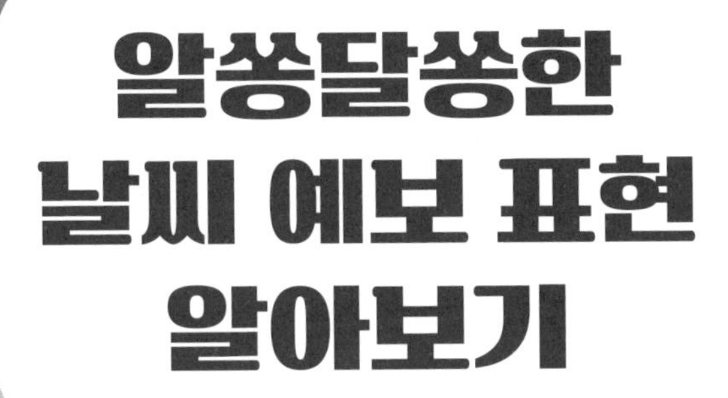
알쏭달쏭한
날씨 예보 표현
알아보기

하늘 상태 표현

하늘 상태를 표현하는 용어로는 '맑음', '구름 많음', '흐림'이 있어요. 하늘 내 구름의 비율로 정의한 용어인데요. 언뜻 그 의미를 파악할 수 있는 것 같지만 구체적으로 어떤 상황을 지칭하는지 정확히 구분하는 사람은 많지 않아요. 기상청에서는 전체 하늘의 운량(구름양)을 10할로 보았을 때 '맑음'은 구름이 0~5할 이하, '구름 많음'은 구름이 6~8할 이하, '흐림'은 구름이 9~10할로 구분하고 있어요. 이 세 가지 표현 중 '맑음'이라는 용어가 오해를 일으키는데요. 사람들이 맑음이라고 하면 하늘에 구름이 한 점도 없거나 거의 없는 상태를 생각하기 때문이에요. 하지만 하늘의 절반을 구름이 덮고 있어도 예보 용어는 맑음으로 표현한답니다.

하늘 상태 예보용어

바람 표현

바람은 강도(m/s)에 따라 '약간 강한 바람', '강한 바람', '매우 강한 바람'으로 구분해서 표현해요. 바람 세기가 4~9m/s 미만이면 '약간 강한 바람'이고, 9~14m/s 미만이면 '강한 바람', 14m/s 이상으로 바람의 세기가 특보 수준에 도달할 때는 '매우 강한 바람'으로 표현해요. 한편, 강풍특보의 기준도 있는데요. 14m/s 이상 또는 순간 20m/s 이상일 경우에는 주의보를, 21m/s 이상 또는 순간 26m/s 이상일 때는 경보를 발령합니다.

빈도 표현

빈도 표현에는 '한때'와 '가끔'이 있는데요. 예보 대상 구간 내에서 연속하여 일시적(전체 중 50% 미만)으로 한 번 나타나면 '한때'를 사용하고, 띄엄띄엄 여러 번 50% 이하로 나타나면 '가끔'이라고 표현해요. 기상캐스터의 예보를 들어보면 '내일 한때 소나기가 내리겠습니다', '오늘 가끔 박무(안개의 가시거리가 1km 이상인 경우)가 나타난 것을 확인할 수 있었습니다'와 같은 내용이 있는데요. 한때와 가끔을 구분해서 들으면 날씨를 한층 더 친근하게 느낄 수 있을 거예요.

시간 표현

일기예보에서 주의해야 할 것 중 하나는 '시간'이에요. 우리가 일기예보에서 흔히 듣는 '아침', '늦은 오후' 등의 시간 표현은 기상청에서 정해 구분한 시간 기준에 따른 표현이라 그 뜻을 정확히 알 필요가 있어요. 우선 오전은 06시에서 12시, 오후는 12시에서 18시, 낮은 09시에서 15시, 밤은 18시에서 24시까지를 의미해요. 새벽은 03시~06시, 아침은 06시~09시, 늦은 오전 혹은 오전 늦게는 09시~12시, 한밤은 00시~03시를 가리키고, 이른 오후는 12시~15시, 늦은 오후는 15시~18시, 저녁은 18시~21시, 늦은 밤 또는 밤늦게는 21시~24시를 뜻해요.
그리고 최저기온과 최고기온을 예보할 때도 시간 표현이 들어가는데요. '아침 최저기온'은 03시에서 09시 사이의 가장 낮은 기온 값이고, '낮 최고기온'은 09시에서 18시 사이의 가장 높은 기온 값, 밤 최저기온은 18시에서 다음 날 09시 사이의 가장 낮은 기온 값을 뜻하는 표현이에요.

계절 구분 표현

우리나라는 봄, 여름, 가을, 겨울, 사계절이 있어요. 그런데 일기예보에서는 계절을 세분화해서 표현하고 있어요. 봄, 가을, 겨울은 일 최저기온과 일 평균기온을, 여름은 일 최고 기온과 일 평균기온을 기준으로 구분해요. 초봄/늦가을은 일 최저기온 0도 이상이고 일 평균기온 5도 이상일 때, 봄/가을은 일 최저기온 5도 이상, 일 평균기온 10도 이상일 때, 늦봄/초가을은 일 최저기온 10도 이상, 일 평균기온 15도 이상일 때를 의미해요. 여름도 초여름/한여름/늦여름으로 구분하는데요. 초여름은 일 최고기온 25도 이상, 일 평균기온 20도 이상일 때, 한여름은 일 최고기온 30도 이상, 일 평균기온 25도 이상일 때, 늦여름은 일 최고기온 30도 이상, 일 평균기온 20도 이상일 때를 말해요. 초겨울/늦겨울은 일 최저기온 0도 이하, 일 평균기온 5도 이하일 때, 한겨울은 일 최저기온 영하 5도 이하, 일 평균기온 0도 이하일 때를 의미합니다.

장소 지칭 표현

비가 자주 내릴 때는 어디서 내리는지 정확히 알아야 하는데요. 일기예보에서 자주 듣는 용어 중에 조금 애매한 장소 표현이 있어서 어디를 지칭하는지 정확하게 이해하지 못하는 경우가 있어요. 예를 들어 "장마전선의 영향으로 흐리고 곳에 따라 비가 내릴 예정입니다."라는 예보를 들으면 '곳에 따라'가 어디인지 모를 수 있어요. '곳에(따라)'는 해당 예보 구역의 30% 이하 불특정 지역을 의미해요. 또 '해안(지방)'은 육지와 바다가 닿는 곳 혹은 바닷가이고, '산지'는 해발고도 600m 이상 또는 들이 적고 산이 많은 지역으로 정해 사용하고 있어요.

비 관련 예보용어 중 장소 지칭

곳에(따라)
해당 예보구역의
30% 이하 불특정 지역

해안(지방)
육지와 바다가 닿는 곳,
바닷가

산지
해발고도 600m 이상
또는 들이 적고
산이 많은 지역

SUN
10°C
6°C
MON
11°C
4°C
TUE
12°C
3°C
WED
12°C
5°C
THU
10°C
4°C
FRI
12°C
5°C
SUT
13°C
4°C

기상캐스터 최아리 스토리

TEMP
45

WIND
12m/s

SUNRISE
5.48

편 개인적인 이야기를 듣는 시간이에요. 어린 시절은 어떻게 보내셨어요?

최 어렸을 때 집에 혼자 있는 시간이 많았어요. 저에겐 오빠가 한 명 있는데요. 오빠는 초등학교 때부터 합숙 생활을 하며 엘리트 축구선수의 과정을 밟았어요. 한 명의 운동선수가 프로로 성장하려면 상당히 많은 뒷바라지가 필요하기 때문에 부모님께서는 맞벌이하셨고, 항상 바쁘셨죠. 사춘기 때는 서운했던 적도 있었지만, 결과적으로 그러한 시간을 통해서 저는 무엇인가를 스스로 선택하고 책임지는 삶의 자세를 배웠어요. 철도 빨리 들었고요.

편 학교에서는 어떤 아이였어요?

최 꽤 활달한 성격이었고, 친구들이 다투면 언제나 중재자의 역할을 했어요. 그리고 반장 선거도 종종 나갔어요. 대장 역할을 하는 것을 좋아했는데, 아이들 앞에서 선거 유세하는 것도 좋아하고 즐겼던 것 같기도 해요. 아마 두 가지 다 좋아하지 않았을까 싶어요. (웃음) 제가 초등학교 때부터 대학교 때까지 빠짐없이 했던 일이 있어요. 바로 무대에 서는 일인데요. 친구들과 팀을 만들어 공연을 준비하고 수련회 때 마련되는 작은 무대에서 공연하고, 대학에서 무용단 활동을 하며 세종문화예

술회관 같은 큰 무대에 서는 경험도 해봤어요.

편 무대에 서는 게 왜 좋았을까요?

최 정확히는 무대가 끝난 뒤 나오는 박수 소리가 좋았던 것 같아요. 저는 마음속으로는 큰 꿈이 있고 넘치는 열정을 갖고 있지만, 밖으로 보이는 행동은 조심스러운 소심한 면도 있어요. 그런데 무대라는 공간은 그러한 시선에서 벗어나 자유를 주는 공간처럼 느껴져요. 그리고 열심히 준비한 결과물에 대한 즉각적인 피드백이 나타나는 곳이기 때문에 노력한 것에 대한 보람도 느낄 수 있었어요. 결과적으로는 칭찬받는 것을 좋아했던 것 같아요.

편 중고등학교 다닐 때는 어떤 꿈을 가지고 있었나요?

최 막연하게 TV에 나오는 직업을 갖고 싶다고 생각했어요. 그런 와중에도 공부에 대한 욕심이 있어 성적은 상위권을 유지하려고 노력했어요. 그런데 막상 대학 진학을 결정하려는 순간이 오니 성적에 맞춰 대학을 가는 것에 대한 거부감이 생겨 고3 때 대학 진학을 포기했지요. 담임선생님은 서울에 있는 대학의 경영학과에 진학할 수 있다며 극구 말리셨는데, 직감적으로 제가 좋아하고 열정이 생기는 분야가 따로 있고, 찾을 수 있을 것 같은 예감이 들었어요.

편 일반적인 선택은 아닌 것 같아요. 부모님도 조금은 놀라셨을 텐데 어떤 반응을 하셨어요?

최 부모님이 당황하셨죠. 담임 선생님도 본인 자녀의 이야기를 들려주시며 "네가 하고 싶은 것은 어른이 되어서 생각해도 늦지 않다. 일단 대학에 진학을 하라"며 말리셨어요. 주변 어른들의 말을 귀담아듣고 충고대로 하는 것도 괜찮았겠지만, 그 당시로 다시 돌아가도 선택은 똑같을 것 같아요. 아무리 생각해도 경영학을 전공한 제가 사회에서 무엇을 할 수 있을지 상상할 수가 없었거든요. 대학 진학 후 진로를 다시 생각하나 1년 재수를 하나 저는 고작 20살이었고, 진로 고민에 1년이라는 시간을 더 투자할 가치가 있다고 생각했어요. 한 걸음 멈춰서 진로 고민을 해보는 마음이었죠.

편 고등학교를 졸업하고 나서 하고 싶은 것을 찾으셨어요?

최 스무 살이 된 저는 우연한 기회에 현대무용 공연을 보게 되었어요. 그 공연이 제 인생을 바꿔놓았죠. 마치 영화의 한 장면처럼 주변이 암전되고 핀 조명 하나만이 관객석에 앉아 있는 저를 비추는 것 같은 느낌이었어요. 어려서부터 춤추는 것을 좋아해 취미로 삼았는데, 무대의 현대무용은 완전히 다른 세계가 펼쳐진 것 같았고, 단박에 그 세계에 매료되고 말았죠. 그날 집으로 돌아가 그 무용단에 대한 정보를 열심히 찾았어요. 알고 보니 그 공연은 각종 콩쿠르에서 상을 휩쓴 한국예술종합학교 출신의 이영일 선생님의 공연이었어요. 나중에 제가 다니던 대학교에 출강 오신 적이 있어 실제로 만나 뵙게 되었을 때 정말 벅차오르는 기분을 느꼈던 기억이 나네요.

편 공연을 보고 현대무용을 전공하고 싶다는 결심을 하신 건가요?

최 좀 무모해 보이죠? 무용이나 예술은 어려서부터 배우는 것이 정석일 텐데, 성인이 된 후에 무용을 전공하겠다니요. 하지만 저의 마음은 무용에 대한 열정으로 가득 찼고, 배워보겠다는 생각은 순간적인 충동은 아니었어요. 저는 결정은 신중하되, 결정한 순간부터는 다소 무모하다 싶을 만큼 앞만 보고 달려가는 면이 있어요.

편 이루고 싶은 꿈이 생겼으니 이제 달려가야겠네요.

최 부모님은 정서적으로 제 꿈을 지지해 주셨어요. 하지만 현실적인 문제가 있었죠. 저는 양재동에 있는 스튜디오를 찾아가 원장님께 무용을 배워 대학에 가고 싶다고 말씀드렸어요. 그런데 다달이 내야 하는 학원비도 만만치 않았고, 저의 작품 하나를 만드는 데 1천만 원이 들기도 했어요. 또 콩쿠르에 출전하기 위해 준비해야 할 의상과 메이크업 비용도 들고, 콩쿠르에 대비해 개인레슨과 단체레슨도 받아야 했죠. 남들보다 늦게 시작한 탓에 더 많은 시간과 노력, 더 큰 비용을 쏟아부어야 했거든요. 다행히 부모님께서 학원비를 도와주셨고, 제가 꿈을 이뤄낼 것이라고 믿어주셨어요. 그리고 부족한 비용을 충당하기 위해 저는 단순 업무를 하는 직장에 취직했어요. 그렇게 번 돈으로 레슨비와 작품비를 모았고, 9시에 출근해서 6시에 퇴근한 후 곧바로 무용학원에 가서 열중해서 무용 연습을 했어요. 학원에서 가장 마지막에 나가는 원생이 되니까 나중에는 원장님이 아예 학원 열쇠를 제 손에 쥐어 주셨지요.

편 직장에 다니며 무용을 배우는 일이 보통 힘든 일이 아니었을 것 같아요.

최 그때는 일하는 시간 외에 깨어있는 시간은 모두 무용 연습을 했어요. 친했던 친구들과 아예 연락조차 하지 않고 오로지 무용 입시에 매달렸는데요. 그렇게 3개월을 배우고 입시를 치렀는데 한양대학교 무용학과 떨어지고 예비 번호 3번을 받았어요. 아쉽기도 했고, 조금 실망스럽기도 했어요. 그런데 저의 간절한 마음을 알아보셨던 예인무용학원 김광진 원장님과 이지아 선생님께서 한 번 더 도전해 보라고 용기를 북돋아 주셔서 1년 더 입시를 준비했어요. 결국 1년 3개월 동안 열심히 노력한 끝에 한양대학교 무용학과에 입학할 수 있었지요.

편 남들보다 시작은 늦었지만 '이루고 싶은 것은 꼭 이루고야 말겠다'는 집념이 느껴져요. 대학 생활은 어떠셨어요?

최 저의 대학 동기들은 어려서부터 무용을 배워서 예중, 예고를 졸업한 사람도 많아요. 그런데 저는 스무 살에 무용을 시작했으니 남들보다 한참 늦었죠. 그렇지만 학교 공연에 열심히 참여해 주역 무용수로 선발되고 대학 3학년 즈음 교수님께 인정받을 수 있었어요. 학교 내 무용단 활동을 활발히 하며 실력도 차곡차곡 쌓았지요. 그러다 무용수의 길로 접어들지 결정해야 하는 대학 4학년을 앞두고 당시 내로라하는 학생들과 경쟁할 수 있는 제법 규모가 큰 콩쿠르에 도전했어요. 늦게 시작한 만큼 직업 무용수로 사회에 나가 활동할 수 있을지 제 자신의 위치를 객관적으로 시험해 보고 싶었어요. 간절한 마지막 도전이었기에 밤새워 연습하고 학교로 향하는 나날들의 연속이었어요. 하지만 콩쿠르 준비가 생각처럼 잘되지 않을 때는 그 과정에서 스스로 한계를 짓고 자신감을 많이 잃었던 것 같아요. 어쩌면 대학 졸업 후 바로 사회활동을 해야 한다, 시간이 없다는 생각이 저 자신을 더 조급하게 만들었나 봐요. 그러니까 자연스럽게 또다시 진로에 대한 고민이 시작되었어요. 그러던 중 우리 학과가 무한도전 프로그램에 단체로 출연한 적이 있어요. 달력을 제작하는데 무용학과 학생들이 단체로 출연해 모델이 되었어요. 그때 카메라 앞에서 여러 포즈를 취하는데 무대 위에서 펼치는 퍼포먼스 같다는 느낌이 들었어요. 제가 어렸을 때부터 무대에 서는 것을 좋아했다고 했잖아요. 카메라 앞에서 모델이 되어 여러 동작을 하니까 무대에서 받았던 느낌이 되살아나는 것 같았어요. 그 경험을 계기로 TV에 나오는 직업 중에 제가 할 수 있는 게 무엇이 있을까 고민하게 되었어요.

편 그렇게 기상캐스터라는 직업에 도전하게 되신 건가요?

최 대학교 3학년 마지막 기말고사를 볼 때까지 제가 뭘 하고 싶을까 고민이 많았어요. 사실 무용에 대한 미련도 남아서 다음 콩쿠르 준비도 하고 있었죠. 그러다 3학년을 마칠 때 일단 휴학하고 아나운서 아카데미에 다녀보자는 결심이 섰어요. 인생에서 큰 갈림길에 서 있는 것 같은데, 학교에 다니면서 아나운서 준비를 병행하는 것보다는 이 일을 제가 할 수 있을지 판단할 시간이 필요했던 것 같아요. 이번에도 아카데미에 드는 비용은 제가 마련하기로 하고 필라테스 강사로 일하기 시작했죠. 무용학과를 졸업하려면 필라테스 강사 자격증을 취득해야 해요. 저는 이미 취득했기 때문에 강사로 일하면서 아카데미에 다녔어요. 아카데미에서 발음과 발성법을 배우면 필라테스 회원들에게 배운 대로 말을 걸었어요. 발음이 잘 안되는 단어가 있으면 일부러 그 단어를 써가면서 동작도 설명하고 대화도 했죠. 평상시에도 발음을 정확하게 하려는 제 나름의 노력이었어요.

편 그럼 어떤 계기로 기상캐스터가 되신 건가요?

최 아나운서 공채 준비를 하고 있을 때 마침 제주 KBS에서 기상캐스터를 뽑는다는 공채가 떴어요. 그때 부모님이 제주도로 이주해 거주하고 계셨어요. 고향이 제주도인 것은 아니고요. 부모님이 계신 제주 KBS에서 일해도 괜찮겠다는 마음으로 지원했고, 연고가 있어서 다른 지원자보다 좀 유리한 조건이었던지 채용되었어요.

편 MBC로는 어떻게 이직하게 되셨나요?

최 제가 중앙 방송국에서 일하고 싶은 욕구가 강했어요. 그래서 어떻게 하면 중앙으로 진출할 수 있을까 고민했어요. 처음에는 아나운서 아카데미에 다시 다녀보려고 생각했다가, 비슷한 분야에 경력이 있는 상태로 그곳에 다닐 수는 없겠더라고요. 그래서 저처럼 조금 나이가 있는 사람들이 모여 있는 곳이 어디일까 찾아보다가 쇼호스트 학원이라면 괜찮겠다는 생각이 들었어요. 물론 저의 목표와는 맞지 않는 곳이었지만 뭐라도 해보자는 마음으로 학원에 등록하고 주중에는 제주 KBS에서 일하면서 주말에는 서울에 있는 학원에 다녔어요. 한두 달 다니다가 그곳에서 만난 사람들과 스터디를 꾸렸어요. 목표가 같은 사람들이라 뜻이 잘 맞았어요. 공채 공고가 나면 서로 정보를 공유하고 지역에 상관없이 함께 시험도 보러 다녔지요. 저는 떨어지는 것을 겁내지 않고 지원해서 시험을 치렀어요. 그것도 소중한 경험이라고 생각했어요. 다만 지역에서 원하는 인재와 중앙에서 원하는 인재가 다르다는 생각은 들었어요. 그래서 지역에 맞추는 것보다는 중앙에서 원하는 인재가 되자는 마음이 컸어요. 그러다 MBC에서 기상캐스터를 뽑는다는 공고를 보자마자 '이 기회는 반드시 잡아야겠다!'라고 생각했어요. 간절한 마음으로 준비한 덕분인지 합격해서 지금까지

MBC 기상캐스터로 일하고 있습니다. (웃음)

편 원하던 곳에서 일하게 되어서 굉장히 기쁘셨겠어요.

최 동료 중에는 한 번에 합격한 사람도 있는데, 저는 제주 KBS에서 2년 반 정도 있다가 돌아 돌아 남들보다 조금 늦게 이 자리까지 왔는데요. 중간에 포기하거나 안주하지 않았던 건 하고 싶은 것은 꼭 이루고야 말겠다는 저의 집념이 있었기 때문이 아닌가 생각해요.

편 이직하는 분들이 많다던데, 실제로도 그런가요?

최 저와 함께 MBC에 들어온 기상캐스터는 지금 한 사람도 남아 있지 않아요. 제 선배들도 없고요. 결혼하거나 출산을 앞두고 그만둔 사람들이 많고, 다른 직업을 선택한 사람들도 많아요.

편 기상캐스터는 젊은 여성이 담당해야 하는 일이라는 인식이 있기 때문인가요?

최 방송사마다 분위기가 다른 것 같아요. 어떤 방송사에서는 결혼을 앞둔 기상캐스터가 퇴직을 권유받았던 적도 있다고 들었어요. 그런데 제가 일하는 곳은 본인이 퇴직 의사를 밝히지 않는 한 그런 압박은 없어요. 방송국 선배 중에 기상캐스터로 일하다 기상전문기자가 된 분이 있어요. 후배들에게 모범이 되는 선배이신데, 그 선배처럼 일의 전문성을 키우면 다른 기회도 열려 있다고 생각해요.

편 이 일을 그만두고 싶은 적은 없었나요?

최 제가 방송국 소속이긴 하지만 프리랜서예요. 어느 방송국이든 기상캐스터는 프리랜서 계약을 맺어요. 아나운서나 기자와 달리 정규직이 아닌 계약직 방송인이에요. 정규뉴스에서 날씨 예보를 하는 것이 주 업무이지만 방송국에서 요청하면 재난방송이나 기상 정보 코너 등에 출연하지요. 이렇게 지위가 보장되지 않은 데서 오는 불안함이 있어요. 또 이 일은 반복적이라는 특징이 있어요. 매일 예보하는 내용은 조금씩 다르지만, 예보의 형식은 거의 비슷해요. 또 준비하는 과정도 비슷하고요. 저는 굉장히 활동적인 사람인데 그런 활동을 날씨 예보로 보여줄 수 없다는 답답함이 느껴질 때는 그만둬야 하나 생각하기도 해요.

편 가끔 뉴스에서 기상캐스터가 야외에 나가 취재하는 영상도 있던데요.

최 네, 가끔 있는 일이에요. 그건 기상캐스터가 꼭 해야 하는 일은 아니지만, 그날 날씨에 어떤 변화가 있으면 제가 나가야 할 일이 생겨요. 슈퍼문이 뜨는 날인데, 당일 급하게 촬영은 해야 하고 마침 취재할 인원이 부족하면 저한테 그 일이 오는 거죠. 그런 때는 며칠 전부터 예정된 일이 아니라 좀 당황스럽기도 해요. 정규뉴스 예보를 준비하다가 촬영해야 하는 상황이니까요. 물론 지나고 나면 또 재미있는 경험이었다고 생각하는데, 당장은 갑자기 발생한 상황 때문에 급하게 준비해야 하는 번거로움이 있지요.

편 뉴스데스크의 날씨 예보를 생방송으로 할 때는 철저한 준비가 필요할 것 같아요.

최 1분 20초 동안 막힘없이 예보하려면 원고를 다 외우고 있어야 해요. 평상시에는 큰 어려움이 없는 일이에요. 그런데 태풍이 지나갈 때면 시시각각 태풍의 위치와 기온, 강수량 등에 변화가 생겨요. 예보할 시간이 다 되었는데 정보가 달라졌다면 다 외우는 게 어려워요. 그래서 어떤 날은 자신이 없어서 아예 종이를 들고 방송한 적도 있어요. 날씨 예보는 숫자에 굉장히 예민한데 잘못 전달하면 그게 더 큰 일이잖아요. 시청자들도 다 아시겠지만, 기상캐스터가 서 있는 자리는 아무것도 없어요. 화면에는 지도도 나가고 태풍의 경로도 보이는데 저는 빈 벽을 바라보며 어디는 몇 도, 강수량은 얼마, 바람의 속도는 얼마, 이런 멘트를 해야 하는데, 방송 직전에 변화가 생겼다면 이 내용을 숙지하고 외울 시간적 여유가 없어요. 그래서 시청자가 보기에는 좋지 않을 수 있지만 정확한 정보를 전달하기 위해서 어쩔 수 없는 선택이에요.

편 앵커들은 프롬프터를 보면서 보도 하던데, 기상캐스터는 그럴 수 없나요?

최 그것도 쉽지 않아요. 저는 예보할 때 옆으로 돌아서 손짓으로 어딘가를 가리키며 몇 도라고 말한 다음 다시 앞을 보고 예보를 이어가는 동작을 해요. 그러면 프롬프터가 옆에도 있고 앞에도 있어야 하잖아요. 그렇게 설치하는 것도 어렵지만 몸을 움직이면서 눈은 프롬프터를 봐야 한다면 기상캐스터의 시선이 화면에 그대로 담기게 돼요. 아무리 짧은 시간이라도 저의 눈동자가 흔들리는 모습이 화면으로 나가면 자연스럽지도 않아요. 그러니까 외운 대로 말하는 게 최선인 거죠.

편 진로를 고민하는 후배 청소년에게 어떤 말을 해주고 싶으세요?

최 제가 열아홉 살, 스무 살 때 평범하지 않은 선택을 연속으로 했기 때문에 사실 청소년들에게 진로를 제시하는 게 어렵게 다가왔어요. 누군가는 '이게 정답이다!'라고 제시하겠지만, 저는 고민하고, 선택하고, 또 고민하는 과정을 여러 번 겪은 후에 지금 여기 서 있거든요. 하지만 자신이 원하는 일을 찾아가기 위해 이런 선택을 하는 사람도 있다는 것을 알려주고 싶기도 해요. 사람마다 뭔가를 결심하고 실행하는 시간은 다를 수 있는데, 때가 되었다고 등을 떠밀려서 선택해야 하는 건 아니라는 이야기를 하고 싶어요.

편 오늘 이야기는 여기까지 듣겠습니다. 지금까지 날씨 정보를 정확하고 신속하게 전달하여 사람들의 일상과 안전에 중요한 역할을 하는 직업, 기상캐스터에 대해서 자세히 알아보았습니다. 날씨와 기상 현상에 관심 많은 청소년에게 도움이 되기를 바라며 인터뷰를 마칩니다.

청소년들의 진로와 직업 탐색을 위한
잡프러포즈 시리즈 79

날씨를 전하며 내일을 준비하는
기상캐스터

2025년 3월 25일 초판1쇄

지은이 | 최아리
펴낸이 | 김민영
펴낸곳 | 토크쇼

편집인 | 박성은
표지디자인 | 이든디자인
본문디자인 | 문지현
마케팅 | 신성종
홍보 | 이예지

출판등록 | 2016년 7월 21일 제 2023-000173호
주소 | 서울시 마포구 월드컵북로98, 2층 202호
전화 | 070-4200-0327
팩스 | 070-7966-9327
전자우편 | myys327@gmail.com
ISBN | 979-11-94260-24-0(43190)
정가 | 15,000원